EL JUICIO PARA LA PROTECCIÓN DE LOS DERECHOS POLITÍCO-ELECTORALES DE LA O EL CIUDADANO LOCAL

CONTROVERSIAS ENTRE INTEGRANTES DE LOS AYUNTAMIENTOS

EL JUICIO PARA LA PROTECCIÓN DE LOS DERECHOS POLITÍCO-ELECTORALES DE LA O EL CIUDADANO LOCAL

CONTROVERSIAS ENTRE INTEGRANTES DE LOS AYUNTAMIENTOS

MIGUEL EDUARDO RENDÓN SANTANA
ALFREDO GUILLERMO TORRES OSORIO

ola
PUBLISHING
INTERNACIONAL

Hola Publishing Internacional
Eugenio Sue 79, int. 4, Col. Polanco
Miguel Hidalgo, C.P. 11550
Ciudad de México, México

Primera edición, agosto 2025
ISBN: 978-1-63765-805-5

A mi amada esposa Liliana por su dedicación
y apoyo. Sin ella, ningún libro de mi
autoría estaría en tus manos.
Miguel Eduardo Rendón Santana

Mi reconocimiento, gratitud y amor a mi
esposa Bety, a mis excepcionales hijos Alonso
y Miranda, a mis padres, y mi hermana,
quienes han sido fundamentales
y razón de ser en mi vida.
Alfredo Guillermo Torres Osorio

A las y los presidentes municipales,
e integrantes de los ayuntamientos con los
que hemos tenido la oportunidad
de colaborar y contribuir al buen ejercicio
de su encomienda institucional.
Los autores

Índice

Introducción

El Juicio para la Protección de los Derechos Político-Electorales Local, o por su abreviatura, JDCL, es un medio de impugnación en materia electoral del que conoce el Tribunal Electoral del Estado de México (TEEM). El objeto de este es, entre otros, el de garantizar a los ciudadanos el cumplimiento de sus derechos político-electorales; y nuestra Constitución Federal y la local del Estado de México los refieren indistintamente como derechos o prerrogativas del ciudadano, y ambas le dan ese carácter al derecho de un ciudadano a ser votado. El TEEM ha sostenido en varias jurisprudencias y tesis aisladas que el derecho político-electoral del ciudadano a ser votado no solo implica la posibilidad de ser postulado para un cargo de elección popular, sino que también, de manera estrecha, faculta al ciudadano electo a la posibilidad de acceder y ejercer el cargo de elección popular para el que fue electo, en condiciones de igualdad, respecto de otros que hayan sido elegidos para el mismo cargo. Los ciudadanos que ejecutan su derecho político-electoral a ser votados y resultan electos como síndicos y regidores de un ayuntamiento también tienen expedito, el de acceder al cargo y ejercer las facultades que les conceden las leyes aplicables en condiciones de igualdad, hecho que resulta relevante, pues esas facultades, y su ejercicio, constituyen un contrapeso a las decisiones tomadas por el presidente municipal y, en caso de ser obstruidas, no podrán cumplir con su mandato constitucional en perjuicio de la ciudadanía que representan.

La importancia del momento histórico-político que estamos viviendo en la República Mexicana —en el que se modificó la Constitución Política para que los jueces federales y locales sean electos por voto popular, la extinción de organismos autónomos, y la improcedencia de los medios de control constitucional para controvertir las reformas constitucionales— hace necesario que los operadores del derecho —y, de manera específica, los equipos multidisciplinarios que orientan y asesoran a presidentes, síndicos y regidores municipales— conozcan que, durante el desempeño de las funciones de sus representados, pueden existir actos entre sí que obstruyen el ejercicio de las funciones para las que fueron electos y, como consecuencia, puedan cometer faltas administrativas y delitos que puedan llevarlos incluso a la destitución del cargo.

El objetivo de este libro es conocer de una manera didáctica el Juicio para la Protección de los Derechos Político-Electorales en el Estado de México, en su vertiente de obstrucción al cargo para el que fueron electos los presidentes, síndicos y regidores, como una herramienta en la defensa del ejercicio de sus funciones; y como un instrumento de equilibrio del ejercicio de poder y rendición de cuentas en la administración pública municipal.

Se debe aclarar que este trabajo no contiene teorías avanzadas de pensamiento jurídico electoral y analiza sólo una de las vertientes o causas por las que el JDCL puede ser promovido de manera local, ante el tribunal competente.

Abreviaturas

Constitución Política de los Estados Unidos Mexicanos	CPEUM
Convención Americana de Derechos Humanos	CADH
Corte Interamericana de Derechos Humanos	Corte IDH
Código Civil del Estado de México	CCEM
Código Electoral del Estado de México	CEEM
Constitución Política del Estado Libre y Soberano de México	CPELSM
Declaración Universal de Derechos Humanos	UNITED NATIONS, N. D
Instituto Nacional Electoral	INE
Juicio para la Protección de los Derechos Político-Electorales Local	JDCL
Ley Orgánica Municipal del Estado de México	LOM
Ley General del Sistema de Medios de Impugnación en Materia Electoral	LGSMIME
Órgano Superior de Fiscalización del Estado de México	OSFEM
Organización de las Naciones Unidas	ONU
Suprema Corte de Justicia de la Nación	SCJN
Tribunal Electoral del Estado de México	TEEM
Tribunal Electoral de Poder Judicial de la Federación	TEPJF

Capítulo I

Del municipio, ayuntamiento y cabildo

Es común que las personas confundan estos términos, e incluso los servidores públicos de un municipio pueden llegar a hacerlo. Para explicar la diferencia entre estos conceptos, es necesario conocer, aunque sea de manera superficial, los diversos ordenamientos jurídicos de los que emanan.

Parafrasearemos el contenido de los artículos que los contienen y señalaremos entre paréntesis las siglas con las que se identificarán en adelante:

El artículo 115 de la Constitución Política de los Estados Unidos Mexicanos (CPEUM) señala que cada municipio será gobernado por un ayuntamiento de elección popular directa, integrado por un Presidente o Presidenta Municipal y el número de regidurías y sindicaturas que la ley determine, de conformidad con el principio de paridad; así como que la competencia que la Constitución le otorga al gobierno municipal se ejercerá por el Ayuntamiento de manera exclusiva y no habrá autoridad intermedia alguna entre este y el Gobierno del Estado.

De igual forma, el Código Civil del Estado de México (CCEM), en su artículo 2.10, fracción I, indica que son personas jurídicas colectivas; el Estado de México, sus municipios y sus organismos de carácter público.

La Constitución Política del Estado Libre y Soberano de México (CPELSM) hace referencia, en sus artículos 112, 113 y 114, a que la base de la división territorial y de la organización política y administrativa del Estado es el municipio libre y tendrá la denominación y cabecera que señale la ley de la materia, refiriéndose en este caso a la Ley Orgánica Municipal del Estado de México (LOM); así como que cada municipio será gobernado por un ayuntamiento con la competencia que le otorga la CPEM, la CPELSM, y las leyes que de ellas emanen. El último artículo mencionado pormenoriza que los ayuntamientos serán electos mediante sufragio universal, libre, secreto y directo, lo que nos lleva a resaltar que son elegidos de manera soberana, es decir, emanados del pueblo, electos por el pueblo, y para gobernar al pueblo, tal y como lo dispone el artículo 39 de nuestra ley suprema que literalmente expresa:

Artículo 39. La soberanía nacional reside esencial y originariamente en el pueblo. Todo poder público dimana del pueblo y se instituye para beneficio de éste. El

pueblo tiene en todo tiempo el inalienable derecho
de alterar o modificar la forma de su gobierno.

Por su parte, la LOM, en su artículo 1ro, párrafo segundo, especifica que el **municipio** libre es la base de la división territorial y de la organización política del Estado, investido de personalidad jurídica propia, integrado por una comunidad establecida en un territorio, con un **gobierno autónomo** (ayuntamiento) en su régimen interior y en la administración de su hacienda pública. En posteriores artículos de la misma ley, identificados con los números 17 y 28, ordenan que, dentro de los primeros cinco días hábiles del mes de diciembre de cada año, el **Ayuntamiento** se constituya solemnemente en **cabildo**, y que los ayuntamientos sesionarán cuando menos una vez cada ocho días o cuantas veces sea necesario en asuntos de urgente resolución, a petición de la mayoría de sus miembros así como que las sesiones de los ayuntamientos serán públicas y deberán transmitirse a través de la página de internet del municipio y se celebrarán en la sala de cabildos; y cuando la solemnidad del caso lo requiera, en el recinto previamente declarado oficial para tal objeto, auxiliándose por un secretario del Ayuntamiento para certificar la asistencia de los miembros del mismo, sus intervenciones, así como el sentido de la votación.

Conforme a todo lo anterior, es necesario reconocer la diferencia entre **municipio, ayuntamiento** y **cabildo** para la mejor comprensión del tema que trata este libro.

Municipio

Con base en lo señalado en el marco jurídico antes expuesto, el municipio es una persona moral o jurídica que sirve como base de la división territorial y política de un estado de la República. Es decir, es un ente jurídico, político y territorial, integrándose con los siguientes elementos:

- Territorio
- Población
- Gobierno

Ahora bien, los elementos referidos con anterioridad están validados y respaldados por:

- La soberanía, y
- El derecho o normas jurídicas aplicables.

Ayuntamiento

Por su parte, de conformidad con los artículos antes expuestos, podemos concluir que el Ayuntamiento es el cuerpo de gobierno colegiado de un municipio, de elección popular directa, integrado por un Presidente o Presidenta Municipal y el número de regidurías y sindicaturas que señale la ley.

En este caso es la LOM la que determina el número de integrantes del Ayuntamiento de un municipio, tomando en consideración la población en el mismo. En su artículo 16, fracciones I, II y III, expone que cuando un municipio tiene una población de menos de 150 mil habitantes, entonces se integrará:

1. Por un presidente municipal,
2. Un síndico y cuatro regidores electos por planilla, según el principio de mayoría relativa; y
3. Tres regidores designados según el principio de representación proporcional.

Para el caso de que la población del municipio sea mayor a 150 mil habitantes, pero menor de quinientos mil, su integración será:

1. Un presidente municipal,
2. Un síndico y cinco regidores electos por planilla, según el principio de mayoría relativa; y
3. Cuatro regidores designados según el principio de representación proporcional.

Finalmente, refiere que, en los municipios que tengan una población de más de 500 mil, habitantes, sin señalar un límite máximo, el Ayuntamiento se integrará con:

1. Un presidente municipal,
2. Un síndico y siete regidores electos por planilla, según el principio de mayoría relativa; y
3. Un síndico y cinco regidores designados según el principio de representación proporcional.

Cabildo

De una interpretación literal de los artículos 17, 18 y 28 de la LOM, lo podemos conceptualizar como las reuniones o sesiones de cabildo que celebra el Ayuntamiento, asistidas de un secretario denominado "secretario del Ayuntamiento", para tratar asuntos relacionados con el municipio del que se trate, en la temporalidad y forma que para ese efecto señala la referida ley. Los artículos antes mencionados clasifican dichas sesiones de Ayuntamientos como solemnes, ordinarias, extraordinarias, abiertas y juveniles, debiéndose resaltar que el artículo 91 de la misma ley claramente indica que la Secretaría del Ayuntamiento estará a cargo de un secretario, y que este no es parte de ese cuerpo colegiado de gobierno y es nombrado por este a propuesta del Presidente Municipal. Dentro de sus facultades se encuentran, entre otras, la de asistir a las sesiones del Ayuntamiento y levantar las actas correspondientes, así como emitir los citatorios para la celebración de las sesiones de cabildo, convocadas legalmente.

Siguiendo ese orden de ideas, podemos advertir que las sesiones de cabildo deben celebrarse en la denominada sala de cabildos, o en cualquier otro lugar, siempre que previamente haya sido declarado oficial para ese objeto por parte del Ayuntamiento, e incluso se pueden celebrar sesionando a distancia mediante uso de tecnologías, de la información y comunicación, en caso de emergencia nacional o estatal, previamente determinada o declarada por la autoridad competente. No obstante a lo anterior, al ser públicas todas las sesiones de cabildo, el Ayuntamiento tiene la obligación de transmitirlas en vivo, a través de su página oficial de internet, plataformas, redes sociales, radio o televisión de acceso gratuito, con la finalidad de transparentar las decisiones y acuerdos que se tomen por parte de los integrantes del ayuntamiento.

Como consecuencia de todo lo anterior, podemos afirmar que el cabildo es la sesión del Ayuntamiento, debidamente convocada mediante citatorio emitido por el secretario del Ayuntamiento a los integrantes de este, para que de manera pública y en el salón de cabildos, lugar designado oficialmente o a distancia, discutan sobre los temas que para ese efecto fueron llamados.

Diferencia

De todo lo anterior podemos advertir que el municipio es la persona, moral o jurídica, y está integrado por un conjunto de personas que conforman una comunidad o población, asentados en un territorio, dotado de un cuerpo colegiado de gobierno o Ayuntamiento, electo soberanamente, y cuyas facultades, derechos y obligaciones se encuentran reguladas por el derecho aplicable, entre las que se encuentran la de sesionar por lo menos cada ocho días en sesión de cabildo, asistidos por el secretario del Ayuntamiento.

Capítulo II

Del gobierno municipal y las facultades de los integrantes del Ayuntamiento

Gobierno municipal

El orden de gobierno municipal es quien está a cargo de su espacio físico denominado "territorio". Como entidad pública posee autonomía política, fiscal y administrativa acorde a lo estipulado por la Constitución Política de los Estados Unidos Mexicanos, las constituciones locales y las leyes particulares derivadas de las mismas; posee personalidad jurídica propia, dónde su gestión pública sustenta las acciones orientadas al desarrollo social y económico de la población, y constituye el vínculo entre el gobierno y los ciudadanos.

Los gobiernos municipales forman parte del pacto federal, el cual es la organización política del Estado mexicano en el que los estados de la Federación son soberanos y están unidos mediante un acuerdo nacional en sus tres órdenes de gobierno (federal, estatal y municipal); estos son gobiernos autónomos, electos y legitimados de forma directa, y con el mandato fundamental de la prestación de servicios públicos y el progreso del bienestar social. Se le reconoce como la base para la construcción del estado nacional, cimiento de la organización política y administrativa en nuestra república federal, sustentado en el principio de la gobernabilidad, y constituye el espacio primario para la convivencia comunitaria y de la sociedad civil.

En México, actualmente, existen 2,478 municipios que presentan una gran heterogeneidad social y regional en sus condiciones de desarrollo, que asimismo tienen diferencias en su gestión pública, organización y operación, la cual se replica en los 125 municipios del estado de México.

La constante de los municipios en nuestro país es su mal diseño institucional con históricas deficiencias estructurales, las cuales se reflejan en severas limitaciones presupuestales, aumento indiscriminado de funciones y obligaciones, escasa profesionalización del servicio público, mínima transparencia y rendición de cuentas, zonas metropolitanas en aumento y dispersión de localidades rurales, empobrecimiento generalizado, e insuficiencia de marcos legales propios, mismas que les impiden cumplir con sus obligaciones constitucionales. Sin embargo, en el orden de gobierno municipal radica la esencia del núcleo político, es donde nace la relación sustancial entre Estado-Sociedad, y su importancia fue plasmada con la reforma a la Constitución Federal de 1983 al artículo 115.

Posteriormente, un hecho relevante fue la Reforma Constitucional de 1999 al artículo 115, fracción I, en su primer párrafo, que establece: que "I.- Cada Municipio será gobernado por un Ayuntamiento de elección popular directa, integrado por un Presidente Municipal y el número de regidores y síndicos que la ley determine. La competencia que esta Constitución otorga al gobierno municipal se ejercerá por el Ayuntamiento de manera exclusiva y no habrá autoridad intermedia alguna entre éste y el Gobierno del Estado". Con esta cita derivada de la fracción I, se aprecia que el municipio es la entidad político-administrativa y territorial base de las entidades federativas, y que se organiza políticamente, mientras que el Ayuntamiento es la instancia, producto de esa organización, y el órgano de gobierno y administración del municipio.

En el municipio no se ejerce un poder pleno, este sólo lo tienen el orden federal y el estatal, dado que en la comunidad municipal no se manifiesta legalmente el reconocimiento de un poder con funciones formales legislativas y judiciales. La función legislativa no se ejerce de manera formal en el municipio, ya que quienes tiene la facultad de legislar en materia municipal son las legislaturas locales. El Ayuntamiento sólo tiene facultades para hacer reglamentos, el bando de policía y buen gobierno, así como medidas de observancia general; sin embargo, no puede hacer leyes en términos formales. (Espejel, 2008, p. 108) No obstante, esta reforma fue trascendente, y constituyó un parteaguas al reconocer expresamente el carácter del municipio como un ámbito de gobierno al sustituir en ese párrafo el término "administrar" por el de "gobernar" para fundamentar el cometido general del Ayuntamiento como órgano de gobierno del municipio.

El término "gobernado" sustituye en dicho párrafo primero al de "administrado". Con esa intención de los legisladores nos parece que se modifica, al menos, la concepción francesa de comprender al municipio como reducto administrativo; asimismo, la expresión de la noción de gobierno representa solo una condición que resulta fundamental para suprimir las formas de supeditación normativa entre los municipios y las entidades federativas. (Olivos, 2011, p 129) En esencia, el Presidente Municipal es quien encabeza a la administración pública municipal y representa políticamente al municipio. El o los síndicos son los representantes jurídicos y responsables de vigilar la debida administración del erario y patrimonio municipal. Los regidores son el enlace entre el elemento población y el gobierno (Rivera, 2009, p.268)

En el orden de gobierno municipal se realizan dos funciones gubernamentales, la ejecutiva y reglamentaria. Al respecto se destaca que no existe una división de poderes, reflejo de ello es la concentración de poder en la figura de la o el Presidente Municipal, quien actúa tanto en funciones reglamentarias como administrativas, privilegiando asimismo su función esencial como titular del ejecutivo.

Hoy, como lo indica Fernández Luis (2011, p.21), "la mayor urgencia de los municipios y organizaciones es contar con gobiernos con una orientación clara y capaz de mantener el funcionamiento y viabilidad de la administración local, la armonía política-social, y la seguridad de los ciudadanos".

Actualmente el Ayuntamiento, como orden de gobierno, no tiene el diseño institucional para asumir los desafíos que enfrentan los municipios en esta época de globalización, y ante ello se requiere instrumentar a la gestión pública municipal para reestablecer la relación entre el gobierno y los ciudadanos.

Las facultades y obligaciones del Presidente Municipal

Sin embargo, la limitación estructural e institucional del municipio mexicano descrita, adicionalmente también en este, se replica el presidencialismo en su versión local, a través del órgano ejecutivo y colegiado del gobierno municipal que es el Ayuntamiento ya definido anteriormente, privilegiando la relevancia del cargo de la o el Presidente Municipal en la tarea de gobernar y cumplir con las actividades encomendadas en los diferentes roles asignados para tal responsabilidad, mismos que se describen a continuación.

Presidente Municipal		
Es el representante nato del municipio, órgano de ejecución de los acuerdos del Ayuntamiento y jefe del gobierno y la administración pública.		
Principales actividades		
Como representante del cabildo	**Como jefe de la administración**	**Como representante del municipio**
<ul><li>Convoca al Ayuntamiento a sesiones.</li><li>Preside y dirige las sesiones del Ayuntamiento.</li><li>Participa en el debate y determinaciones del cabildo, con voto de calidad en caso de empate.</li><li>Publica y divulga los acuerdos del Ayuntamiento.</li></ul>	<ul><li>Propone al Ayuntamiento la designación del secretario y tesorero municipales, así como a los titulares de las dependencias administrativas.</li><li>Supervisa y vigila la hacienda pública, así como la prestación de los servicios públicos.</li><li>Celebra los actos y contratos necesarios para el despacho de los negocios administrativos.</li><li>Otorga permisos y autorizaciones e impone las infracciones previstas en los reglamentos municipales.</li></ul>	<ul><li>Representa al Ayuntamiento frente a las distintas instancias políticas y sociales.</li><li>Informa anualmente en sesión solemne de cabildo del estado que guarda la administración municipal y de las labores realizadas en el periodo correspondiente.</li><li>Actúa como presidente de la junta municipal de reclutamiento, y es el principal encargado de las oficialías del registro civil.</li></ul>

El Presidente Municipal es un funcionario público electo por voto popular que ejecuta las disposiciones y acuerdos del Ayuntamiento. Representa política y legalmente al municipio con la autorización del Ayuntamiento.

Bajo el esquema institucional actual, el Presidente Municipal funge como jefe de gobierno a la vez que participa activamente en la toma de decisiones en temas tan técnicos y variados como el manejo del agua y de residuos, el desarrollo urbano o la seguridad pública. En municipios metropolitanos, el rango de temas que un presidente municipal debe atender día a día es aun mayor, pues la dinámica metropolitana exacerba la complejidad de las necesidades de la ciudadanía (transporte y movilidad, seguridad pública, espacios públicos, etc.), al darse una inevitable interrelación con otros municipios. Por lo tanto, es posible afirmar que el Presidente Municipal —y su equipo de colaboradores— de un municipio metropolitano necesita las herramientas analíticas que suelen ir de la mano de una educación superior (Instituto Mexicano para la Competitividad IMCO, 2020, p. 84).

El Ayuntamiento como instancia colectiva de gobierno no está diseñado para enfrentar los retos que actualmente requieren enfrentar los espacios locales y las ciudades, adolece de falta de representatividad de los grupos ciudadanos, no responde con la eficacia esperada a las demandas de la población, y no tiene los soportes técnicos y fiscales suficientes para conducir con visión de largo plazo el desarrollo local y urbano (Arellano, et al., 2011, p. 29). A la par se destaca el privilegio del ejecutivo local frente a la asamblea representada en el cabildo, lo cual reproduce en este orden de gobierno la centralización como componente fundamental del sistema político mexicano.

Asimismo, la o el Presidente Municipal es el titular de la administración pública, asumiendo la función ejecutiva con el consecuente predominio en su persona, y a su vez ocupa el rol principal como figura del Ayuntamiento, con atribuciones significativamente más importantes que el resto de los ediles del órgano de gobierno, incluso contando en sesiones deliberantes y resolutivas de cabildo con voto de calidad.

Como tal, y a manera de ejemplo se presenta el caso del Estado de México, donde la LOM considera veintiséis atribuciones, para el titular del ejecutivo, que comprenden funciones en las materias financiera, normativa, operativa, seguridad pública, jurídica, y de administración pública.

Artículo 48.- La persona titular de la presidencia municipal tiene las siguientes atribuciones:

I. Presidir y dirigir las sesiones del ayuntamiento;

II. Ejecutar los acuerdos del ayuntamiento e informar su cumplimiento;

III. Promulgar y publicar el Bando Municipal en la Gaceta Municipal y en los estrados de la Secretaría del Ayuntamiento, así como ordenar la difusión de las normas de carácter general y reglamentos aprobados por el Ayuntamiento;

IV.- Asumir la representación jurídica del Municipio y del ayuntamiento, así como de las dependencias de la Administración Pública Municipal, en los litigios en que este sea parte.

IV Bis. Vigilar y ejecutar los programas y acciones para la prevención, atención y en su caso, el pago de las responsabilidades económicas de los Ayuntamientos de los conflictos laborales;

IV Ter. Entregar al cabildo de forma mensual, la relación detallada del contingente económico de litigios laborales en contra del Ayuntamiento para la implementación de los programas y acciones para la prevención, atención y en su caso, el pago de las responsabilidades económicas de los Ayuntamientos de los conflictos laborales, en términos de lo dispuesto por la Ley de Transparencia y Acceso a la Información Pública del Estado de México y Municipios y la Ley de Protección de Datos Personales en posesión de sujetos obligados del Estado de México y Municipios;

V. Convocar a sesiones ordinarias y extraordinarias a los integrantes del ayuntamiento;

V. Bis. Elaborar, con la aprobación del cabildo, el presupuesto correspondiente al pago de las responsabilidades económicas derivadas de los conflictos laborales;

VI. Proponer al ayuntamiento los nombramientos de las personas titulares de la secretaría, tesorería y de las dependencias y organismos auxiliares de la administración pública municipal, observando en todo tiempo que en su integración se respeten los principios de igualdad, equidad y garantizando la paridad de género;

VI Bis. Expedir, previo acuerdo del Ayuntamiento, la licencia del establecimiento mercantil que autorice o permita la venta de bebidas alcohólicas, en un plazo no mayor a tres días hábiles, contados a partir de que sea emitida la autorización del Ayuntamiento; VI. Ter. Informar al cabildo de los casos de terminación y recisión de las relaciones laborales que se presenten independientemente de su causa, así como de las acciones que al respecto se deban tener para evitar los conflictos laborales, en términos de lo dispuesto por la Ley de Transparencia y Acceso a la Información Pública del Estado de México y Municipios y la Ley de Protección de Datos Personales en posesión de sujetos obligados del Estado de México y Municipios;

VII. Presidir las comisiones que le asigne la ley o el ayuntamiento;

VIII. Contratar y concertar en representación del ayuntamiento y previo acuerdo de éste, la realización de obras y la prestación de servicios públicos, por terceros o con el concurso del Estado o de otros ayuntamientos;

IX. Verificar que la recaudación de las contribuciones y demás ingresos propios del municipio se realicen conforme a las disposiciones legales aplicables;

X. Vigilar la correcta inversión de los fondos públicos;

XI. Supervisar la administración, registro, control, uso, mantenimiento y conservación adecuados de los bienes del municipio;

XII. Tener bajo su mando los cuerpos de seguridad pública, tránsito y bomberos municipales, en los términos del capítulo octavo, del título cuarto de esta Ley;

XII bis.- Vigilar y ejecutar los programas y subprogramas de protección civil y realizar las acciones encaminadas a optimizar los programas tendientes a prevenir el impacto de los fenómenos perturbadores.

XIII. Vigilar que se integren y funcionen en forma legal las dependencias, unidades administrativas y organismos desconcentrados o descentralizados y fideicomisos que formen parte de la estructura administrativa;

XIII Bis. Desarrollar las políticas, programas y acciones en materia de mejora regulatoria, en coordinación con sus dependencias, órganos auxiliares y demás autoridades de conformidad con la Ley para la Mejora Regulatoria del Estado de México y Municipios, la Ley de Competitividad y Ordenamiento Comercial del Estado de México, la Ley de Fomento Económico del Estado de México, sus respectivos reglamentos y demás disposiciones jurídicas aplicables, en el ámbito de su competencia, previa aprobación en Cabildo;

XIII Ter. Proponer al ayuntamiento y ejecutar un programa especial para otorgar la licencia o permiso provisional de funcionamiento para negocios de bajo riesgo sanitario, ambiental o de protección civil, conforme a la clasificación contenida en el Catálogo Mexiquense de Actividades Industriales, Comerciales y de Servicios de Bajo Riesgo. Para tal efecto, deberá garantizar que el otorgamiento de la licencia o permiso no esté sujeto al pago de contribuciones ni a donación alguna; la exigencia de cargas tributarias, dádivas o cualquier otro concepto que condicione su expedición será sancionada en términos de la Ley de Responsabilidades Administrativas del Estado y Municipios.

XIII Quáter. Expedir o negar licencias o permisos de funcionamiento para unidades económicas, de conformidad con lo previsto en las fracciones XXIV Quater y XXIV Quinques del artículo 31 de la presente Ley. Dicha expedición o negación queda supeditada al resultado del Dictamen de Giro o Evaluación de Impacto Estatal según corresponda, dando respuesta en un plazo que no exceda de cinco días hábiles posteriores a la presentación de dicho dictamen o evaluación, en su caso, la cual deberá ser fundamentada y acorde al principio de transparencia. Las actividades que cuenten con Evaluación de Impacto Estatal no requerirán la emisión de Dictamen de Giro. La autoridad municipal deberá iniciar los trámites relativos con las autorizaciones, licencias o permisos, a partir de que el solicitante presente el acuerdo de aceptación de la solicitud de Evaluación de Impacto Estatal. Una vez que el solicitante entregue la Evaluación de Impacto Estatal, de ser procedente, podrá obtener la autorización, licencia o permiso correspondiente.

XIII Quinquies. Desarrollar y ejecutar las políticas, programas y acciones en materia de Gobierno Digital, impulsando el uso estratégico de las tecnologías de la información en los trámites y servicios que se otorgan por parte del Ayuntamiento, conforme a lo establecido en la Ley de Gobierno Digital del Estado de México y Municipios, su Reglamento y conforme a las disposiciones jurídicas de la materia;

XIV. Vigilar que se integren y funcionen los consejos de participación ciudadana municipal y otros órganos de los que formen parte representantes de los vecinos;

XV. Entregar por escrito y en medio electrónico al ayuntamiento, dentro de los primeros cinco días hábiles del mes de diciembre de cada año, en sesión solemne de cabildo, un informe del estado que guarda la administración pública municipal y de las labores realizadas durante el ejercicio. Dicho informe se publicará en la página oficial, en la Gaceta Municipal y en los estrados de la Secretaría del ayuntamiento para su consulta.

XVI. Cumplir y hacer cumplir dentro de su competencia, las disposiciones contenidas en las leyes y reglamentos federales, estatales y municipales, así como aplicar, a los infractores las sanciones correspondientes o remitirlos, en su caso, a las autoridades correspondientes;

XVI Bis. Coadyuvar con el Instituto de Verificación Administrativa del Estado de México respecto a la vigilancia a los establecimientos mercantiles con venta o suministro de bebidas alcohólicas en botella cerrada, consumo inmediato y al copeo, a fin de verificar que cuenten con la correspondiente licencia de *funcionamiento y el Dictamen de Giro y cumplan con las disposiciones legales y reglamentarias correspondientes. Asimismo, para instaurar, los procedimientos sancionadores correspondientes y, en su caso, dar vista al Ministerio Público por la posible comisión de algún delito;*

XVI Ter. Instalar y vigilar el debido funcionamiento de la ventanilla única en materia de unidades económicas;

XVII. Promover el desarrollo institucional del Ayuntamiento, entendido como el conjunto de acciones sistemáticas que hagan más eficiente la administración pública municipal mediante la capacitación y profesionalización de los servidores públicos municipales, la elaboración de planes y programas de mejora administrativa, el uso de tecnologías de información y comunicación en las áreas de la gestión, implantación de indicadores del desempeño o de eficiencia en el gasto público, entre otros de la misma naturaleza. Los resultados de las acciones implementadas deberán formar parte del informe anual al que se refiere la fracción XV del presente artículo;

XVIII. Promover el patriotismo, la conciencia cívica, las identidades nacional, estatal y municipal y el aprecio a los más altos valores de la República, el Estado, y el Municipio, con la celebración de eventos, ceremonias y en general todas las actividades colectivas que contribuyan a estos propósitos, en especial el puntual cumplimiento del calendario cívico oficial;

XIX. *Comunicar por escrito, con anticipación a su salida al extranjero, a la Legislatura o a la Diputación Permanente y al cabildo, los propósitos y objetivos del viaje e informar de las acciones realizadas dentro de los diez días siguientes a su regreso.*

XX. *Coadyuvar en la coordinación del cuerpo de seguridad pública a su cargo con las Instituciones de Seguridad Pública federales, estatales y de otros municipios en el desarrollo de operativos conjuntos, para el cumplimiento de los acuerdos tomados por el Consejo Estatal, los Consejos Intermunicipales y el Consejo Municipal de Seguridad Pública, así como en la ejecución de otras acciones en la materia;*

XXI. *Satisfacer los requerimientos que le sean solicitados por la Secretaría de Seguridad para el registro y actualización de la licencia colectiva para la portación de armas de fuego de los elementos a su cargo;*

XXII. *Vigilar la integración, funcionamiento y cumplimiento de los acuerdos tomados por el Consejo Municipal de Seguridad Pública, en los términos de esta Ley;*

XXIII. *Rendir un informe anual sobre el cumplimiento de su Programa Municipal para la Igualdad de Trato y Oportunidades entre Mujeres y Hombres y para Prevenir, Atender, Sancionar y Erradicar la Violencia contra las Mujeres;*

XXIV. Presidir el Comité Municipal de Dictámenes de Giro a que se refiere la Ley de Competitividad y Ordenamiento Comercial del Estado de México;

XXV. Firmar las Actas de Cabildo, y

XXVI. Las demás que le confieran esta Ley y otros ordenamientos.

Lo anterior refleja lo que ocurre en el Estado de México respecto de las atribuciones del alcalde —y sirve para extrapolarlo a nivel nacional—, donde predomina una sobre politización en la figura del titular del ejecutivo municipal con una excesiva concentración de poder de decisión. Es manifiesto que, derivado de su diseño institucional, el municipio es producto de su propia contradicción, siendo ese el eslabón más débil del federalismo porque fue concebido para un sistema de partido hegemónico, con la preeminencia de la figura presidencialista reflejada en el alcalde.

Es claro que el actual diseño institucional propicia que todos los actores locales (presidentes municipales, síndicos, regidores, funcionarios e incluso ciudadanos) sean adversos a dinámicas de cooperación y por lo general no estén dispuestos a construir una acción pública sostenida y comprometida. Los acuerdos efímeros, la desconfianza entre actores locales y las interrupciones permanentes de cualquier iniciativa de mayor alcance caracterizan el acontecer de la vida municipal en nuestro país (Arellano, et al., 2011, p. 30).

Es fundamental tener presente, aunque resulte una posición aspiracionista, que el buen gobierno es la expresión racional del arte de gobernar, y para ello se demanda impulsar un nuevo modelo de gobierno municipal diferente al actual, dónde, vía planillas, se privilegia la elección del alcalde y no del resto de los integrantes del Ayuntamiento, ya que el sistema electoral vigente en el Estado de México permite la formación de una mayoría edilicia integrada por el partido triunfador en la elección, en derredor de la o el presidente municipal, recayendo en esta figura la facultad ejecutiva del gobierno, de la administración pública y de ejercer las decisiones del Ayuntamiento. Por consiguiente, es esencial promover y replantear la relación entre gobernantes y ciudadanos para responderles tanto en sus demandas como por sus actos u omisiones. Al respecto, la participación de la sociedad civil como producto de la organización social es de vital importancia para la efectiva construcción de un régimen democrático, evitando el tradicional ejercicio del corporativismo y sus prácticas clientelares.

En todo proceso de adopción de decisiones obligatorias, los ciudadanos deben contar con oportunidades apropiadas y equitativas para expresar sus preferencias con respecto a la solución final. Deben tener oportunidades apropiadas y equitativas para incorporar temas al programa de acción y para expresar las razones que los llevan a suscribir una solución en lugar de otra (Dahl, 1992, p 135).

La democratización en el órgano de gobierno municipal es imperativa, lo que implica una intervención amplia y directa de la sociedad civil, con canales formales de participación en la agenda política y pública.

Las facultades y obligaciones del síndico

En la Constitución Política de los Estados Unidos Mexicanos, el artículo 115 establece que el municipio es un ente autónomo que reúne las siguientes características: personalidad jurídica propia, patrimonio propio, no tiene vínculos de subordinación y jerarquía con el Gobierno del Estado, administra libremente su hacienda, tiene facultades reglamentarias, ejecutivas y judiciales, y su gobierno es electo popularmente (Ríos, 2020, p. 2).

De conformidad con el artículo anteriormente citado, y de los correlativos de las constituciones particulares de los estados, cada municipio será gobernado por un ayuntamiento de elección popular directa y no habrá ninguna autoridad intermedia entre este y el Gobierno del Estado.

A partir del reconocimiento al municipio como gobierno surgido de la comunidad, la relación con la ciudadanía se convierte en tema fundamental para la toma de decisiones en diferentes ámbitos, tales como normatividad, presupuesto, adquisiciones, obras públicas, mejora regulatoria, evaluación del desempeño de los servidores públicos y de la gestión municipal, orientación a resultados, entre otros. Sin embargo, actualmente el municipio es un orden de gobierno que no cuenta con las capacidades técnicas, administrativas y presupuestales necesarias para asumir y dar respuesta efectiva de bienes y servicios públicos a las demandas ciudadanas; en su inmensa mayoría no cuentan con los recursos económicos suficientes, y la tendencia es la manifiesta incapacidad de cubrir con sus ingresos propios los compromisos de su gastos operativos, y ser dependientes estructuralmente de las transferencias federales gubernamentales (Merino, 2019, p. 371).

La mayoría de los gobiernos locales tienen limitantes institucionales para asumir todas las funciones que la era de la gobernanza les ofrece. Los municipios enfrentan, en este sentido, problemas que involucran procesos y definiciones más amplios que los que hay en su propio entorno; sus recursos económicos son limitados; carecen de recursos humanos capacitados; su andamiaje institucional y jurídico es insuficiente y la información con la que cuentan para la toma de decisiones es escasa y fraccionada (Cabrero, 2004 p.735).

Reconocida por el Estado como base de su organización política y administrativa, el Ayuntamiento "es el órgano colegiado, deliberante que asume la representación del municipio y está integrado por el Presidente Municipal, el o los síndicos y los regidores", es decir, el municipio es la figura jurídica y el Ayuntamiento es el organismo administrativo que efectúa las funciones de gobierno del municipio (González, 2001, p. 27).

En los Ayuntamientos de nuestro país se eligen predominantemente por un sistema electoral mixto a través de listas cerradas y bloqueadas, con dominante de mayoría relativa y con elección a través de planillas de todos los cargos con esa condición, que privilegia la representación partidista en contrapartida de una representación ciudadana. Es decir, al votar por un determinado presidente municipal, se vota automáticamente en bloque por un partido político, el cual se encarga de asignar los nombres y los lugares, tanto de los síndicos como de los regidores que formarán parte del gobierno municipal, produciendo a través de ellos una injerencia permanente del partido político ganador durante la gestión gubernamental, sin generar un efectivo contrapeso para el Presidente Municipal y sus determinaciones, ya que este desempeña un doble rol, como jefe del órgano colegiado en el cabildo, y como titular de la administración pública municipal y su aparato burocrático. El gobierno y la administración pública municipal son compartidos por dos órganos: el Ayuntamiento y el Presidente Municipal, el primero como colegiado deliberante y el segundo como ejecutivo unipersonal.

En esencia, se aprecia un centralismo dónde el Presidente Municipal es protagonista, ya que cuenta con la integración de un cabildo con mayoría partidista, dejando un espacio reducido y marginal para la representación política de la oposición, inhibiendo la división de poderes. En este contexto, de los integrantes del cuerpo edilicio y de su responsabilidad institucional, la Constitución Política de los Estados Unidos Mexicanos menciona y fundamenta la existencia del síndico en los ayuntamientos, pero al propio tiempo no establece sus facultades, permitiendo que las leyes de los propios estados determinen acorde a sus propias condiciones y necesidades el marco jurídico en que operara la figura del síndico.

La palabra "síndico" proviene de las raíces griegas *syn* (con) y *dike* (justicia). Algunos autores atribuyen su origen al francés medieval *syndicus* que significa "delegado de una ciudad". Esta figura nace bajo el Imperio Romano, con el perfil de defensor *"civitatis"*, cuya misión original era velar por los intereses municipales y los derechos de los ciudadanos. (CEFIM, 2010 p.23). Asimismo "la función del síndico tiene antecedentes en los antiguos municipios españoles, en figuras como la del procurador quien era el defensor de los derechos ciudadanos aun en contra del cabildo. Era electo por los regidores, pero no formaba parte del cabildo" (Reynoso y Villafuerte, 2009, p. 30).

Actualmente, el síndico en general "está facultado para salvaguardar la legalidad, honradez y eficiencia del servicio público que brinden los empleados del Municipio, y es el responsable de vigilar y defender los intereses municipales y de representar jurídicamente a los integrantes del Ayuntamiento en asuntos oficiales" (Arestegui, 1997, p. 23). En este contexto del Ayuntamiento como órgano de gobierno, los síndicos son los servidores públicos encargados de procurar la justicia y de defender los derechos de la sociedad. Estos pueden funcionar en un sistema de síndico único o por dos o más, lo cual depende de la variable poblacional, y de los criterios legales de representación locales. Asume un rol relevante en el Ayuntamiento por las diversas facultades que la legislación le otorga de formar parte del órgano de gobierno y de vigilancia de ciertas funciones de la administración pública municipal.

El síndico o los síndicos asumen distintas responsabilidades en cada entidad federativa, no obstante, en lo general su función es inspeccionar el trabajo de las tesorerías y contralorías, y supervisar que los recursos públicos se apliquen conforme a la legislación y normatividad, y se apeguen a lo contenido en el documento rector de las políticas públicas de los planes de desarrollo municipal.

Respecto al manejo presupuestal, el Ayuntamiento administra la Hacienda Pública Municipal a través del Presidente y los síndicos, incluyendo la relevante facultad de aprobar el presupuesto de egresos, y la contratación de deuda pública municipal en términos de la ley correspondiente.

Se destaca que los síndicos no tienen atribuciones ejecutivas, su intervención en la administración pública municipal no implica relación de jerarquía, sino de vigilancia y revisión del ejercicio de las funciones de las áreas que les competen en términos de ley. De forma similar a los regidores, los síndicos asisten con voz y voto en los ayuntamientos; defienden y promueven los intereses del Ayuntamiento; vigilan la correcta aplicación del presupuesto municipal; representa jurídicamente al Ayuntamiento en litigios; entre otras. Tanto el Presidente Municipal, como los regidores y síndicos, tienen a su cargo de forma conjunta, como ayuntamiento, la facultad de aprobar los bandos municipales, los reglamentos, circulares y disposiciones administrativas de observancia general en sus respectivas territorialidades, coadyuvando tanto a la organización de la administración pública como al funcionamiento de los mecanismos de participación ciudadana.

Una de las particularidades del Ayuntamiento como órgano de gobierno es su composición plural, reflejo del pluripartidismo. Está condición se formalizó desde la reforma política de 1977, que introdujo el sistema de representación proporcional en el poder legislativo de la nación, en congresos locales y en ayuntamientos de municipios con más de 300 mil habitantes.

Los miembros de los ayuntamientos son elegidos mediante una combinación de los criterios de pluralidad y proporcionalidad. La lista que obtiene la mayoría electoral accede en su totalidad a los cargos que postularon y el resto de los escaños son distribuidos de manera proporcional entre los primeros lugares propuestos en las listas de los demás partidos. Al final, esta fórmula electoral fomenta la personalización de la competencia en torno a los primeros lugares de cada lista que se corresponden con los candidatos a alcaldes, y a la vez incentiva que el resto de los nominados busquen fomentar el voto a favor del primer lugar de la lista en lugar de cultivar el voto por su candidatura individual. El partido adquiere también importancia, pues su "marca" sirve para promover la lista postulada por cada organización por encima del voto personal de los nominados ubicados por debajo del candidato a alcalde. Por otro lado, el Presidente Municipal suele tener una gran importancia al interior del funcionamiento del Ayuntamiento, pues es el encargado de convocar a la reunión del cabildo, así como de presentar las propuestas y temas que serán incluidos en el orden del día; además nombra al secretario del Ayuntamiento, funcionario encargado de manejar la agenda a discutir en las reuniones del gobierno municipal (Sánchez, 2016, p 51).

A partir de entonces se impulsaron una serie de reformas para el orden de gobierno municipal, desde el ámbito de las entidades federativas, orientadas a pluralizar y dar representación política a las minorías partidistas. Sin embargo, estas no fueron suficientes y los tradicionales esquemas de concentración política ejercida por los presidentes municipales, así como la rigidez del marco normativo, han tornado complejo el tránsito de síndicos y regidores hacia el ejercicio de sus facultades y peso político que les dota la propia ley.

Como integrante de este cuerpo colegiado, el síndico forma parte del Ayuntamiento de conformidad con el artículo 115 de la Constitución Política de los Estados Unidos

Mexicanos; y para el caso del Estado de México, en los artículos 115, 116 y 117 de la constitución local.

Derivado de la fundamentación legal citada anteriormente, en el del Estado de México, el síndico municipal tiene las facultades que le confiere el artículo 52 de la LOM, que expresamente señala:

> *Los síndicos municipales tendrán a su cargo la procuración y defensa de los derechos e intereses del municipio, en especial los de carácter patrimonial y la función de contraloría interna, la que, en su caso, ejercerán conjuntamente con el órgano de control y evaluación que al efecto establezcan los ayuntamientos...*

Dado que las funciones establecidas en este artículo no precisan los preceptos a través de los cuales realizará la procuración y defensa de los derechos e intereses del municipio, así como la función de contraloría interna, estamos en presencia de una amplia gama de posibilidades que el síndico municipal podría ejercer para cumplir con estas funciones, de ahí el carácter potestativo, ya que actuará conforme las necesidades y exigencias públicas se lo requieran (Pantoja, 2021, p 32). No obstante que el desempeño de los síndicos es acotado la mayoría de las veces, producto del intervencionismo por parte de los presidentes municipales, su rol cobra particular importancia para la gobernabilidad municipal.

Se conceptualiza por gobernabilidad "al conjunto de condiciones de carácter medioambiental, favorables para la acción del gobierno o intrínsecas a este. Por el contrario, ingobernabilidad se refiere a una situación disfuncional que dificulta la actividad gubernamental" (Alcántara, 1992, p.20). Cada vez que las atribuciones otorgadas al síndico señaladas anteriormente son amplias, y comprenden diversos ámbitos de la vida institucional, estas le permiten ser el fiel de la balanza para apuntalar o corregir las acciones de la administración pública, impulsando la gobernabilidad municipal.

Marco normativo de la función del síndico

El marco normativo que regula la actividad del síndico es diverso y amplio en función de las atribuciones asignadas, al respecto a continuación se señalan los principales ordenamientos legales que debe conocer, mismos que se refieren de forma enunciativa, más no limitativa, toda vez que hay que considerar las particularidades de cada entidad federativa.

Leyes Federales

- Constitución Política de los Estados Unidos Mexicanos
- Ley de Planeación
- Ley General de Responsabilidades Administrativas
- Ley de Disciplina Financiera de las Entidades Federativas y los Municipios

- Ley de Coordinación Fiscal

- Ley General de Contabilidad Gubernamental

- Ley General de Transparencia y Acceso a la Información Pública

Leyes Estatales

- Constitución Política del Estado libre y Soberano de México

- Ley de Bienes del Estado y Municipios

- Ley de Contratación Pública del Estado y Municipios

- Ley que regula el Régimen de Propiedad en Condominio en el Estado de México

- Ley de Fiscalización Superior del Estado de México

- Ley de Justicia Cívica del Estado de México y sus Municipios

- Ley para la Mejora Regulatoria del Estado de México y Municipios

- Ley de Planeación del Estado de México y Municipios

- El Ley de Responsabilidad Patrimonial para el Estado de México y Municipios

- Ley de Responsabilidades Administrativas del Estado de México y Municipios

- Ley de Transparencia y Acceso a la Información Pública del Estado de México y Municipios

- Ley del Sistema Anticorrupción del Estado de México y Municipios
- Ley del Trabajo de los Servidores Públicos del Estado y Municipios

- Ley Reglamentaria de las fracciones XXV y XXVI del artículo 61 de la Constitución Política del Estado Libre y Soberano de México

- Ley Orgánica Municipal del Estado de México

- Código Administrativo del Estado de México

- Código de Procedimientos Administrativos del Estado de México

- Código Financiero del Estado de México y Municipios

- Lineamientos para la integración del informe mensual

- Lineamientos para la elaboración de la cuenta pública municipal

- Lineamientos para el registro y control del inventario y la conciliación y desincorporación de bienes muebles e inmuebles para las entidades fiscalizables municipales del Estado de México

- Lineamientos de control financiero y administrativo para las entidades fiscalizables municipales del Estado de México

- Lineamientos que regulan la entrega-recepción de la administración pública municipal del Estado de México

Adicionalmente, se resalta que se deben considerar los reglamentos correspondientes a cada municipio, en lo concerniente a sus facultades y obligaciones.

Las atribuciones de los síndicos municipales son disposiciones que se encuentran contempladas en la LOM en su artículo 53:

I. Procurar, defender y promover los derechos e intereses municipales; representar jurídicamente a los integrantes de los ayuntamientos, facultándolos para otorgar y revocar poderes generales y especiales a terceros o mediante oficio para la debida representación jurídica correspondiente, pudiendo convenir en los mismos.

La representación legal de los miembros de los ayuntamientos, sólo se dará en asuntos oficiales;

I Bis. Supervisar a los representantes legales asignados por el Ayuntamiento, en la correcta atención y defensa de los litigios laborales;

I Ter. Informar al presidente, en caso de cualquier irregu-
laridad en la atención y/o defensa de los litigios laborales
seguidos ante las autoridades laborales competentes.

Derogado

II. Revisar y firmar los cortes de caja de la tesorería
municipal;

III. Cuidar que la aplicación de los gastos se haga
llenando todos los requisitos legales y conforme al pre-
supuesto respectivo;

IV. Vigilar que las multas que impongan las auto-
ridades municipales ingresen a la tesorería, previo
comprobante respectivo;

V. Asistir a las visitas de inspección que realice
el Órgano Superior de Fiscalización del Estado de
México a la tesorería e informar de los resultados al
ayuntamiento;

VI. Hacer que oportunamente se remitan al Órgano
Superior de Fiscalización del Estado de México las
cuentas de la tesorería municipal y remitir copia del
resumen financiero a los miembros del ayuntamiento;

VII. Intervenir en la formulación del inventario
general de los bienes muebles e inmuebles propiedad
del municipio, haciendo que se inscriban en el libro
especial, con expresión de sus valores y de todas las
características de identificación, así como el uso y des-
tino de los mismos;

VIII. Regularizar la propiedad de los bienes inmuebles municipales, para ello tendrán un plazo de ciento veinte días hábiles, contados a partir de la adquisición;

IX. Inscribir los bienes inmuebles municipales en el Registro Público de la Propiedad, para iniciar los trámites correspondientes tendrán un plazo de ciento veinte días hábiles contados a partir de aquel en que concluyo el proceso de regularización;

X. Derogada

XI. Participar en los remates públicos en los que tenga interés el municipio, para que se finquen al mejor postor y se guarden los términos y disposiciones prevenidos en las leyes respectivas;

XII. Verificar que los remates públicos se realicen en los términos de las leyes respectivas;

XIII. Verificar que los funcionarios y empleados del municipio cumplan con hacer la manifestación de bienes que prevé la Ley de Responsabilidades Administrativas del Estado de México y Municipios;

XIV. Admitir, tramitar y resolver los recursos administrativos que sean de su competencia;

XV. Revisar las relaciones de rezagos para que sean liquidados;

XVI. Revisar el informe mensual que le remita el Tesorero, y en su caso formular las observaciones correspondientes.

XVII. Firmar las Actas de Cabildo, y

XVIII. Las demás que les señalen las disposiciones aplicables.

En el caso de que sean dos los síndicos que se elijan, uno estará encargado de los ingresos de la hacienda municipal y el otro de los egresos. El primero tendrá las facultades y obligaciones consignadas en las fracciones I, IV, V, y XVI y el segundo, las contenidas en las fracciones II, III, VI, VII, VIII, IX, X y XII entendiéndose que se ejercerán indistintamente las demás.

Derogado.

Los síndicos y los presidentes municipales que asuman la representación jurídica del Ayuntamiento, no pueden desistirse, transigir, comprometerse en árbitros, ni hacer cesión de bienes muebles o inmuebles municipales, sin la autorización expresa del Ayuntamiento.

Se destaca que las atribuciones enunciadas anteriormente lo contemplan como integrante del Ayuntamiento, así como los relativos a los ámbitos jurídico, financiero, patrimonial, control, inspección, vigilancia. Adicionalmente, de conformidad a la ley que regula el régimen de propiedad en condominio en el Estado de México, lo incluyen adicionalmente como autoridad en:

• El desahogo de los procedimientos arbitrales para resolver las controversias en materia de propiedad en condominio (Artículo 46);

- Imponer y valorar las sanciones aplicables a los condóminos o residentes que incumplan sus obligaciones, las que se harán efectivas a través del procedimiento administrativo de ejecución a favor de la hacienda municipal (Artículo 47 y 48);

- Emitir los laudos (Artículo 51);

- Antes de emitir los laudos remitir a las partes al Centro de Mediación y Conciliación del Poder Judicial del Estado de México, previo consentimiento de aquéllas (Artículo 59).

Asimismo, y en relación con la importante labor de fiscalización y en correlación con la Ley de Fiscalización Superior del Estado de México, le considera las atribuciones siguientes:

- En materia de cuenta pública, coordinar, con el tesorero, las acciones del municipio con el Órgano Superior de Fiscalización del Estado de México (OSFEM) (Artículo 46);

- Informar, con el Presidente, al OSFEM, a más tardar el 25 de febrero de cada año del Presupuesto de Egresos aprobado por el Ayuntamiento (Artículo. 47);

- Firmar la cuenta pública (Artículo 48); y

- Revisar los informes mensuales con la documentación complementaria (Artículo49).

El Ayuntamiento se auxilia para el eficaz desempeño de sus funciones públicas en Comisiones, o denominadas también "Comisiones edilicias" y en general el Ayuntamiento atendiendo a sus propias necesidades, crea las comisiones que sean necesarias. Sin embargo, por ley, hay dos comisiones que corresponden a los síndicos municipales:

- La primera es la Comisión de Hacienda consignada en el artículo 69 fracción I, inciso c) de la Ley Orgánica Municipal del Estado de México (corresponde al primer síndico cuando haya más de uno) y

- La segunda es la Comisión de Límites Territoriales consagrada en la Ley reglamentaria de las fracciones XXV y XXVI del artículo 61 de la Constitución Política del Estado Libre y Soberano de México, (corresponde al segundo síndico cuando hay más de uno) esto sin perjuicio de las Comisiones del Ayuntamiento que le confiera el propio Ayuntamiento. (Pantoja, 2021, p. 47).

Si bien las atribuciones conferidas son amplias y trascendentes, es importante destacar que, a diferencia del resto de los estados de la República, el Estado de México es la única entidad federativa que retiró de la representación jurídica al síndico municipal, en el ámbito de su competencia, lo cual constituye un desacierto y disminuye la importancia del rol que desempeña en el orden de gobierno municipal.

La motivación que sustenta dicha determinación que se publicó en el periódico oficial Gaceta de Gobierno expresa:

El quehacer de los Síndicos, como representantes legales de los Ayuntamientos, se ha incrementado de forma importante en el número de asuntos jurídicos de índole civil, administrativo y laboral, y por otra parte, las adversidades que ellos enfrentan, derivadas de la capacitación jurídica de sus asesores, circunstancias que desencadenan que los asuntos jurídicos que pudieron haberse resuelto en los inicios de los mismos, se conviertan a la postre en una carga muy pesada, legal y económica para los Ayuntamientos. Derivado de estas cuestiones, resulta conveniente que la representación jurídica de los Ayuntamientos, que hasta hoy ha formado parte de las atribuciones de los Síndicos, pase a formar parte del Presidente Municipal, de esta forma los Síndicos, podrán avocarse a todas las demás atribuciones, no menos importantes, que se encuentran contenidas en el artículo 53, de las fracciones II a XVI de la Ley Orgánica Municipal del Estado de México. Por otro lado, el Presidente municipal, cuenta con diversas atribuciones, entre las que se encuentran: asumir la representación jurídica del municipio, presidir y dirigir las sesiones del Ayuntamiento, así como, cumplir las disposiciones contenidas en las leyes y reglamentos, entre otras. Aunado a lo anterior y para un mejor y mayor control de la hacienda municipal y la administración pública municipal, se propone que el Presidente municipal asuma con plenitud la responsabilidad de todos los conflictos de la índole que sea. Ello debe ser así debido fundamentalmente a que el mandatario municipal ejerce bajo la esfera de su dominio la aplicación irrestricta de todos los recursos del Ayuntamiento, lo que le permite una sana y viable defensa jurídica de los asuntos que enfrenta la administración..."

(Poder Legislativo del Estado de México, 2012)

Estos razonamientos revisten una circunstancia lógica, sin embargo, en la práctica, no sustentan la verdadera justificación, que implica haber limitado la función del síndico municipal en una de sus principales atribuciones como lo es la representación jurídica del municipio (Pantoja, 2021, p. 55).

No obstante el acotamiento anteriormente implementado, el rol del síndico desempeña un papel estratégico en la estructura del gobierno municipal además de sus funciones públicas de vigilancia y fiscalización, su participación debe ser proactiva, orientada a la mejora continua de la gestión pública municipal, esto incluye la propuesta de políticas y acciones que optimicen la operación de la administración pública, y su interlocución e interacción con los otros órdenes de gobierno, así como con las dependencias involucradas en su quehacer, le permite tener una visión integral y táctica, lo cual es esencial para procurar mejoras consistentes en formular políticas de calidad, incluyendo la certificación de procesos y servicios que respondan a las necesidades y progreso del municipio. Asimismo, puede proponer la adopción de políticas y prácticas que aumenten la transparencia de la gestión de los recursos, y en la toma de decisiones, como la publicación proactiva de la información financiera del gobierno municipal y el acceso abierto a la misma.

El síndico, al presidir la comisión edilicia de hacienda, tiene una posición estratégica para influir directamente en el fortalecimiento de la hacienda pública municipal. Esta responsabilidad le permite, a través de estudios y análisis especializados, proponer mejoras en áreas clave como son la recaudación de los impuestos, derechos, productos y aprovechamientos, los controles del patrimonio municipal y financieros, y la modernización del catastro, esta participación e injerencia no solo impulsan la eficiencia y transparencia en la administración de los recursos públicos, sino que también generan beneficios tangibles tanto para la administración pública como para la ciudadanía, promoviendo un desarrollo sostenido y una mejor calidad de vida en el municipio. Igualmente el síndico tiene la responsabilidad de informar al Ayuntamiento, en acatamiento de la LOM, sobre la gestión de la hacienda pública y la aplicación de los recursos públicos contemplados en el presupuesto de egresos. En este sentido, debe cumplir rigurosamente con sus atribuciones y asegurar que todos los integrantes del Ayuntamiento estén informados de los hallazgos obtenidos en las revisiones periódicas de la cuenta pública y en los informes trimestrales, esta obligación es fundamental para garantizar la transparencia y la rendición de cuentas en la administración municipal.

Dada la relevancia del cargo del síndico, se requiere impulsar el equilibrio en el órgano de gobierno, generando equidad, mediante una reforma integral que contemple un mecanismo de elección por separado del Presidente Municipal y el síndico.

El único caso en México donde se lleva a cabo esta modalidad es el estado de Chihuahua, donde las campañas electorales de los síndicos se realizan de manera diferenciada de la de los demás candidatos que integran el Ayuntamiento. Además, la elección del síndico se realiza en una boleta distinta a la del Presidente Municipal y regidores. Así, la responsabilidad de generar pesos y contrapesos dentro del Ayuntamiento es de los ciudadanos, por medio de su voto en los comicios electorales (Arellano, 2019, p.40).

La elección directa de los síndicos podría promover un balance más justo en la gobernanza interna de los ayuntamientos, al tiempo que fortalecería y consolidaría las atribuciones inherentes a sus cargos.

Las facultades y obligaciones de los regidores

Como representantes de la ciudadanía, el regidor tiene, para su función y cargo, el antecedente remoto desde la Nueva España, al constituirse el primer ayuntamiento en 1519 en la Villa Rica de la Vera Cruz. Siendo el primer ordenamiento que regulaba su actuación, la ley, dictada por el Rey Carlos V de 1523, establecía que debía de haber doce regidores en las ciudades importantes y seis en las menores. Siendo destacable el hecho de que no siempre se respetó el principio de elección popular directa, toda vez que algunos cargos de regidores eran hereditarios, e incluso se vendían o remataban al mejor postor.

Siglos después, en 1813, se promulgó la Constitución de Cádiz, aplicable en la Nueva España, la cual, en su articulado del 309 al 323 establecía, bajo el título del "Gobierno Interior de las Provincias y los Pueblos", una serie de preceptos de los ayuntamientos, de su integración y régimen interior, su composición como gobierno, así como de sus facultades y obligaciones. Posteriormente, en 1836, la Constitución de la República Mexicana, o también conocida como las Siete Leyes Constitucionales, en el artículo 22 de la sexta ley, señala que habrá ayuntamientos en las capitales de los departamentos y estarán a cargo de los alcaldes, subprefectos, jueces de paz, regidores y síndicos. En 1857 por primera vez se destaca la necesidad del municipio libre con su organización interna, con las implicaciones que desembocaron posteriormente como reclamo en la revolución de 1910 y su inserción en la ley suprema de 1917.

En el transcurso del siglo pasado, el artículo 115 constitucional, que sustenta el quehacer municipal, ha sido adecuado en varias ocasiones, a partir de esa fecha, en los años de 1933, 1947, 1953, 1976, 1977, 1983 y 1999. Finalmente, con la reforma de 2014, se agregan al párrafo primero del artículo 115, en el 2o. párrafo de la fracción I, la elección consecutiva por un periodo adicional de presidentes municipales, regidores y síndicos. La reelección será posible si el periodo de mandato no es superior a tres años y si el candidato se postula por el mismo partido político, salvo que haya renunciado a su militancia antes de la mitad de su mandato.

Actualmente el citado artículo y sus fracciones primera y segunda reformada en fecha primero de abril de dos mil veinticinco, señala:

> *Los estados adoptarán, para su régimen interior, la forma de gobierno republicano, representativo, democrático, laico y popular, teniendo como base de su división territorial y de su organización política y administrativa, el municipio libre, conforme a las bases siguientes:*

> *1. Cada Municipio será gobernado por un Ayuntamiento de elección popular directa, integrado por un Presidente o Presidenta Municipal y el número de regidurías y sindicaturas que la ley determine, de*

conformidad con el principio de paridad. En ningún caso, podrá participar en la elección para la presidencia municipal, las regidurías y las sindicaturas, la persona que tenga o haya tenido en los últimos tres años anteriores al día de la elección un vínculo de matrimonio o concubinato o unión de hecho, o de parentesco por consanguinidad o civil en línea recta sin limitación de grado y en línea colateral hasta el cuarto grado o de afinidad hasta el segundo grado, con la persona que esté ejerciendo la titularidad del cargo para el que se postula. La competencia que esta Constitución otorga al gobierno municipal se ejercerá por el Ayuntamiento de manera exclusiva y no habrá autoridad intermedia alguna entre este y el gobierno del Estado.

Las Constituciones de los Estados deberán establecer la prohibición de la reelección consecutiva para el mismo cargo de presidentes y presidentas municipales, regidores y regidoras, y personas síndicas de los ayuntamientos. Las personas servidoras públicas antes mencionadas, cuando tengan el carácter de propietarias, no podrán ser electas para el periodo inmediato con el carácter de suplentes, pero las que tengan el carácter de suplentes sí podrán ser electas para el periodo inmediato como propietarias a menos que hayan estado en ejercicio.

Como consecuencia, y de acuerdo a los transitorios de esta reforma a partir del año 2030, la elección consecutiva y el nepotismo en los comicios estara prohibido.

A la fecha, los regidores son elegidos por votación al ser parte de una planilla registrada previamente al proceso electoral, y existen dos tipos de regidores por mayoría relativa y por representación proporcional.

Como tal, la figura del regidor encarna la esencia de la democracia representativa, al ser votado y constituirse en el vínculo con la ciudadanía, siendo su representante en las sesiones del cabildo, para la toma de decisiones orientadas al bienestar comunitario. Al formar parte del órgano de gobierno, su desempeño debe sustentarse con una formación académica adecuada, avalada con una imagen de integridad, y desarrollar una comunicación efectiva y congruente con técnicas discursivas. Debe poseer conocimiento del contexto nacional y del entorno local, y establecer una posición crítica acorde a la realidad y coyuntura económica y social.

Como integrante de este cuerpo colegiado, el regidor es integrante del Ayuntamiento de conformidad con el artículo 115 de la Constitución Política de los Estados Unidos Mexicanos; y, para el caso del Estado de México, en los artículos 117 y 118 de la constitución local.

Consecuentemente de la fundamentación legal citada anteriormente, en el del Estado de México, el regidor tiene las facultades que le otorga el artículo 55 de la LOM que explícitamente señala:

Artículo 55.- Son atribuciones de los regidores, las siguientes:

I. Asistir puntualmente a las sesiones que celebre el ayuntamiento;

II. Suplir al presidente municipal en sus faltas temporales, en los términos establecidos por este ordenamiento;

III. Vigilar y atender el sector de la administración municipal que les sea encomendado por el ayuntamiento;

IV. Participar responsablemente en las comisiones conferidas por el ayuntamiento y aquéllas que le designe en forma concreta el presidente municipal;

V. Proponer al ayuntamiento, alternativas de solución para la debida atención de los diferentes sectores de la administración municipal;

VI. Promover la participación ciudadana en apoyo a los programas que formule y apruebe el ayuntamiento;

VII. Firmar las Actas de Cabildo, y

VIII. Las demás que les otorgue esta Ley y otras disposiciones aplicables.

Destaca particularmente la atribución de la responsabilidad del trabajo en las comisiones edilicias, ya que permite que los regidores se enfoquen en temas específicos con obras públicas, desarrollo urbano, seguridad pública, salud o empleo. Esta especie de especialización facilita un análisis más profundo y técnico de la problemática y sus alternativas de solución lo que permite mejorar la calidad de las decisiones.

Al trabajar en comisiones, los regidores pueden analizar previamente los temas antes de que se celebren las sesiones de cabildo, esto hace más eficiente la toma de decisiones ya que las propuestas llegan más consensadas y fortalecidas.

Las comisiones edilicias sirven como un mecanismo para supervisar y fiscalizar los sectores claves de la administración pública municipal. Al hacer la división de responsabilidades entre los integrantes del cuerpo edilicio, los regidores pueden vigilar de cerca el cumplimiento de las políticas públicas, y la correcta aplicación de los recursos públicos.

En coadyuvancia de la facultad reglamentaria del Ayuntamiento, los regidores, ya sea individual o colectivamente, proponen los reglamentos, acuerdos y disposiciones normativas para regular aspectos específicos de la vida local, tales como la prestación de los servicios públicos, el uso de los espacios comunitarios, el orden público entre otros temas de la agenda municipal. Sin embargo, los reglamentos municipales deben estar alineados con las leyes federales y estatales para asegurar su legalidad y coherencia dentro del marco normativo mexicano.

Capítulo III

De los derechos humanos: fundamentales y garantías individuales

Para entender qué son los derechos político-electorales, es necesario, en primera instancia, hacer la diferencia entre los conceptos de derechos humanos: derechos fundamentales y garantías individuales.

Derechos humanos

La Declaración Universal de Derechos Humanos (United Nations, n.d.), adoptada y proclamada en su asamblea general, en fecha 10 de diciembre de 1948, en su artículo 2, dispone:

> *Toda persona tiene todos los derechos y libertades proclamados en esta Declaración, sin distinción alguna de raza, color, sexo, idioma, religión, opinión política o de cualquier otra índole, origen nacional o social, posición económica, nacimiento o cualquier otra condición. Además, no se hará distinción alguna fundada en la condición política, jurídica o internacional del país o territorio de cuya*

jurisdicción dependa una persona, tanto si se trata de un país independiente, como de un territorio bajo administración fiduciaria, no autónomo o sometido a cualquier otra limitación de soberanía…

Lo anterior significa que tienen la calidad de ser universales, por lo que se aplican de manera internacional y no es indispensable que estén reconocidos en las constituciones de los estados miembros de la Organización de las Naciones Unidas (ONU), pues no son vinculantes a estos.

Derechos fundamentales

Por su parte, los derechos fundamentales son aquellos derechos humanos que se encuentran reconocidos dentro del texto de una constitución de un Estado nacional. Por ejemplo, la CPEUM, en su artículo primero, establece:

En los Estados Unidos Mexicanos todas las personas gozarán de los derechos humanos reconocidos en esta Constitución y en los tratados internacionales de los que el Estado Mexicano sea parte, así como de las garantías para su protección, cuyo ejercicio no podrá restringirse ni suspenderse, salvo en los casos y bajo las condiciones que esta Constitución establece…

Dicho en otras palabras, el derecho fundamental está limitado en su aplicación al territorio nacional del Estado que lo reconoce, haciéndolo vinculatorio al mismo, tal y como lo indica el artículo antes mencionado, cuando señala "En los Estados Unidos Mexicanos".

Garantías

Ahora bien, Azuela (2008, p. 45) define a la garantía individual como el procedimiento que habrá de ponerse en práctica cuando el derecho humano o derecho fundamental se ha violado.

El estudio de estos procedimientos se realiza dentro del derecho procesal constitucional mexicano y, de conformidad con la CPEUM, son:

a. El juicio para la protección de los derechos político-electorales de los ciudadanos, contenido en el artículo 99 fracción V;

b. El juicio de revisión constitucional electoral descrito en el artículo 99, fracción IV;

c. El juicio de amparo, fundamentado en los artículos 103 y 107,

d. Las controversias constitucionales establecidas en el artículo 105, fracción I;

e. Las acciones de inconstitucionalidad prevista en el artículo 105, fracción II, y

f. El juicio político señalado en el artículo 110.

Diferencia

Con base en lo expuesto con anterioridad, los **derechos humanos** están contenidos en tratados internacionales que en su ámbito de aplicación son universales e internacionales; mientras que el **derecho fundamental**, al estar en el texto de la constitución de un Estado, es aplicable solo al que lo reconoce dentro de su territorio, y en caso de que estos derechos sean transgredidos, el Estado tendrá previamente establecido un mecanismo de protección en forma de proceso o procedimiento al que se le denomina **"garantía individual"**.

Capítulo IV

De los derechos político-electorales

De conformidad con el artículo 35, 38 y 39 de la CPEUM y 29 de la CPELSM, los derechos político-electorales son derechos o prerrogativas del ciudadano, de ahí que, como primera tarea, debamos conceptualizar en amplio sentido el término prerrogativa, o sea, sin que tenga relación con el derecho, y posteriormente observaremos qué establece él al respecto.

La Real Academia Española (RAE), visible en su página: define a la prerrogativa como:

> *un privilegio, gracia o exención que se con-*
> *cede a alguien para que goce de ello;*

Concepto

Por su parte, el *Glosario Electoral* (2018) del INE lo limita en materia electoral como sigue:

> *… derechos políticos electorales son los derechos que*
> *tienen los ciudadanos a participar en la integración*

y ejercicio de los poderes públicos, y en general en los asuntos de su comunidad. Comprenden todos los derechos relativos a la calidad de ciudadana o ciudadano en democracia entre los principales derechos políticos se encuentran el derecho al voto y a ser electo en elecciones populares; acceder a cargos públicos, afiliarse a un partido político, reunirse o asociarse libremente para tomar parte pacíficamente en los asuntos políticos, formar un partido político, entre otros; uno de los fines del INE es asegurar a los ciudadanos el ejercicio de los derechos político electorales, mientras que los tribunales electorales a través de la resolución de las impugnaciones respectivas protegen estos derechos, derechos político electorales…

Como consecuencia de lo anterior, los derechos político-electorales son derechos humanos y fundamentales llamados también "derechos o prerrogativas del ciudadano", definidas como el privilegio o derechos de tratamiento especial, que la constitución y las leyes aplicables conceden a los ciudadanos mexicanos para votar, ser votado, y asociarse libremente para tomar parte de los asuntos públicos del país. En ese orden de ideas, se excluirán de ese privilegio a quienes no tengan la calidad de ciudadano mexicano, o a quienes, reuniendo esa característica, recaigan en alguno de los supuestos de prohibición que la propia Constitución Federal, local o ley aplicable establezca.

Clasificación

La reimpresión de la primera edición del Manual de Justicia Electoral *(Ruvalcaba et al; 2023 p.343)* establece entonces que los derecho político-electorales pertenecen solo a los individuos que tienen calidad de ciudadanía, y en ese sentido señala un catálogo de los derechos humanos tutelados por el Juicio para la protección de los derechos político-electorales, identificándolos en la siguiente lista:

1. **Derecho a votar y ser votado:** el derecho a votar es la facultad de las personas a elegir a sus representantes populares, mientras que el derecho a ser votado es la posibilidad de que cualquier ciudadano pueda ser electo para ocupar un cargo público.

2. **Derecho a ser postulada en paridad:** es la obligación de los partidos políticos para postular por igual a hombres y mujeres en los cargos de elección popular.

3. **Acceso y desempeño del cargo:** es la oportunidad real de la o el ciudadano para ejercer el cargo para el que fue electo, en igualdad de condiciones de otros electos para el mismo cargo.

4. **A integrar autoridades electorales**: es el derecho de la o el ciudadano para integrar autoridades electorales.

5. **Permanecer en el cargo:** es el derecho de la o el ciudadano para permanecer en el cargo para el que fue electo, protegiéndolo de actos ilegales que pretendan terminar de manera anticipada con el mismo.

6. **Asociación política:** el derecho de las y los ciudadanos para afiliarse a un partido político.

7. **Remuneración en el cargo**: es el derecho de la o el ciudadano electo para ocupar un cargo y recibir una remuneración por su desempeño.

8. **Afiliación:** son los derechos que adquiera la o el ciudadano al afiliarse a un partido político, reconocidos en sus documentos básicos (Declaración de principios, Plan de acción, Estatutos).

9. **Construir un partido político**: es la facultad constitucional de las y los ciudadanos para crear agrupaciones o partidos políticos.

10. **Ser registrada o registrado**: el derecho que tiene la o el ciudadano afiliado a un partido político para ser registrado a la nominación de un cargo de elección popular, y que reúna los requisitos establecidos en la ley y su normatividad interna.

11. **Obtener una candidatura independiente:** el derecho de la o el ciudadano a participar en un cargo de elección popular de manera

independiente y sin la nominación por parte de un partido político.

12. **Participar en consultas populares:** de acuerdo con la Ley Federal de Consulta Popular, es el derecho de las y los ciudadanos a participar a través de la emisión del voto libre, secreto, directo, personal e intransferible, tomar parte de las decisiones de los poderes públicos respecto de uno o varios temas de trascendencia nacional o regional competencia de la Federación.

13. **Participar en la revocación de mandato:** de acuerdo con la Ley Federal de Revocación de mandato, es el derecho de las ciudadanas y los ciudadanos a solicitar, participar, ser consultados y votar respecto a la revocación del mandato de la persona que resultó electa popularmente como titular de la Presidencia de la República, mediante sufragio universal, libre, secreto, directo, personal e intransferible.

14. **Participar en la elección de los integrantes** del Poder Judicial Federal o de los estados.

Capítulo V

Del Juicio para la Protección de los Derechos Político-Electorales del Ciudadano Local

Por su parte, uno de los medios de impugnación para protección de los derechos político- electorales es el **Juicio del Ciudadano Local,** cuyo marco normativo lo encontramos en los tratados internacionales, la Constitución Federal, las constituciones locales de los estados, las leyes generales, códigos electorales, la jurisprudencia internacional y nacional.

Concepto

El Juicio para la Protección de los Derechos Político-Electorales del Ciudadano Local, o, por su abreviatura, JDCL, es un medio de impugnación en materia electoral del que conoce el Tribunal Electoral del Estado de México. Su objeto es el de garantizar a los ciudadanos el cumplimiento de sus derechos político-electorales y, en caso de su inobservancia o violación por parte de las autoridades electorales y/o los partidos políticos, restituir a la o el ciudadano en el uso y goce de sus derechos.

El artículo 452 del CEEM, en su primer párrafo establece que:

> *Las resoluciones que recaigan a los juicios para la protección de los derechos político-electorales del ciudadano local, tendrán como efecto la confirmación, modificación o revocación del acto o resolución impugnados, y en estas dos últimas hipótesis, deberán restituir al promovente en el uso y goce del derecho político-electoral que le haya sido violado…*

Competencia para conocer del JDCL

Tratándose de violaciones a los derechos político-electorales, el artículo 13, de la CPELSM, 3, 383, 390, fracción I, 409, fracción I, inciso c) y 410, párrafo segundo del CEEM, en su parte considerativa señalan:

CPELSM

Artículo 13.- Para garantizar los principios de constitucionalidad y legalidad de los actos y resoluciones electorales, la ley establecerá un sistema de medios de impugnación que dará definitividad a las distintas etapas de los procesos electorales locales y garantizará la protección de los derechos político-electorales de la ciudadanía.

CEEM

Artículo 3. La aplicación de las disposiciones de este Código corresponde al Instituto Electoral, al Tribunal

Electoral, a la Legislatura, a la Gobernadora o Gobernador y al Poder Judicial, todos del Estado de México, en sus respectivos ámbitos de competencia. ...

Artículo 383. El Tribunal Electoral es el órgano público autónomo, de carácter permanente, con personalidad jurídica y patrimonio propios, independiente en sus decisiones y máxima autoridad jurisdiccional en la materia, con la jurisdicción y competencia que determinen la Constitución Local y este Código. El Tribunal Electoral deberá cumplir sus funciones bajos (sic) los principios de certeza, imparcialidad, objetividad, legalidad y probidad.

Artículo 390. Al Pleno del Tribunal Electoral le corresponden las atribuciones siguientes:

I. Resolver los medios de impugnación de su competencia, previstos en este Código.

Artículo 409. En cualquier momento podrá ser interpuesto el juicio para la protección de los derechos político-electorales de la o el ciudadano local, que sólo procederá cuando la ciudadana o el ciudadano por sí mismo y en forma individual, o a través de sus representantes legales, haga valer presuntas violaciones a sus derechos de votar y ser votada o votado en las elecciones populares, de asociarse individual y libremente para tomar parte en forma pacífica en los asuntos políticos y de afiliarse libre e individualmente a los partidos políticos.

I. El juicio podrá ser promovido por la ciudadana o el ciudadano cuando:

c) Considere que un acto o resolución de la autoridad es violatorio de cualquier otro de los derechos político-electorales a que se refiere el primer párrafo del presente artículo.

Artículo 410. El Consejo General es competente para conocer de los recursos de revisión.

El Tribunal Electoral es competente para conocer de los recursos de apelación, de los juicios de inconformidad, del juicio para la protección de los derechos políticos electorales del ciudadano local y de las controversias laborales.

Oportunidad o plazo para su presentación

El artículo 414 del CEEM, de manera expresa, señala que debe interponerse dentro de los cuatro días, contados a partir del día siguiente, a aquel en que se tenga conocimiento o se hubiese notificado el acto o resolución que se impugne. Ahora bien, debemos tener en cuenta que el acto o resolución impugnada puede emitirse dentro o fuera de un proceso electoral, pues, si ocurre dentro del proceso, todos los días de la semana son hábiles. Sin embargo, si se ejecuta fuera del proceso electoral, no se computarán sábados y domingos, tal y como lo establece la jurisprudencia de la cuarta época, emitida por la Sala Superior en sesión pública celebrada el veinticinco de marzo de dos mil nueve, con rubro "Plazo para impugnar actos emitidos durante el desarrollo de un proceso electoral, que no estén vinculados a éste. No deben computarse todos los días y horas como hábiles", y que establece.

La interpretación sistemática del artículo 7, párrafos 1 y 2 de la Ley General del Sistema de Medios de Impugnación en Materia Electoral, permite afirmar que cuando el acto que se impugna sea emitido durante el desarrollo de un proceso electoral y no se encuentra vinculado a éste, el cómputo del plazo respectivo debe hacerse tomando en consideración los días hábiles con excepción de los sábados y domingos y los inhábiles en términos de ley. Esto es así, en atención a que la expresión "durante el desarrollo de un proceso electoral federal", no debe entenderse únicamente en un sentido temporal, sino también material, es decir, que los actos se encuentren relacionados con alguna de las etapas del proceso electoral. Lo anterior obedece a que, en el caso en comento, al no estar vinculado a proceso comicial, no existe riesgo alguno de alterar alguna de sus etapas, por lo que no se afecta la definitividad de éstas; de tal forma que no se justifica considerar todos los días y horas como hábiles. Tal conclusión es acorde con el derecho fundamental a la impartición de justicia electoral completa y efectiva, de acuerdo con lo dispuesto en los artículos 17, párrafo segundo, y 116, párrafo segundo, fracción IV, ambos de la Constitución Política de los Estados Unidos Mexicanos....

(2009) Justicia Electoral, (Número 4), p.23 a 25

Por otro lado, no podrá aplicarse el plazo de cuatro días contenido en el artículo 414 del CEEM, cuando los ciudadanos promueven el JDCL cuyo acto de la autoridad es una omisión, y en razón de esto, el plazo de cuatro días para presentarla se prórroga sucesivamente por cada día en que esta subsiste, es decir, el plazo para la presentación de la demanda se amplía día a día, así lo dispone la tesis aislada de la tercera época con registro digital: 922803 de la Sala Superior en materia electoral, con rubro "Plazo para presentar un medio de impugnación, tratándose de omisiones", y que indica:

En términos de lo dispuesto en el artículo 8o., párrafo 1, en relación con el 10, párrafo 1, inciso b), de la Ley General del Sistema de Medios de Impugnación en Materia Electoral, cuando se impugnen omisiones de una autoridad electoral, debe entenderse, en principio, que el mencionado acto genéricamente entendido se realiza cada día que transcurre, toda vez que es un hecho de tracto sucesivo y, en esa virtud, se arriba a la conclusión de que el plazo legal para impugnarlo no ha vencido, debiéndose tener por presentada la demanda en forma oportuna, mientras subsista, la obligación a cargo de la autoridad responsable de convocar a elecciones y ésta no demuestre que ha cumplido con dicha obligación.

Compilación Oficial de Jurisprudencia y Tesis Relevantes 1997-2002, páginas 626-627, Sala Superior, tesis S3EL 046/2002.

Quiénes pueden presentarlo

El artículo 412 del CEEM dispone, en seis fracciones, la calidad que deben tener las personas físicas o jurídicas a las que corresponde presentar los medios de impugnación a través de sus representantes legítimos:

a. Partidos políticos,
b. Las organizaciones de observadores,
c. Las organizaciones interesadas en constituirse como partidos políticos.

Por sí mismos y en forma individual, o a través de sus representantes legales, podrán promoverlo:

a. Los ciudadanos,
b. Candidatos independientes,
c. Personas candidatas a integrar el Poder Judicial del Estado.

Requisitos de forma de la demanda

Tal y como lo establece el artículo 419 del CEEM, en las siete fracciones que lo integran, la demanda se debe presentar por escrito, haciéndose constar el nombre del actor, su firma, domicilio para oír y recibir notificaciones, identificar el acto o resolución impugnada, enunciar de manera expresa y clara los hechos en que se basa la impugnación, los agravios que causa el acto, resolución u omisión de la autoridad, los preceptos presuntamente violados, las pruebas para acreditar su personalidad o legitimación, así como las que comprueben el acto, resolución u omisión de la autoridad.

Es importante que el actor señale con precisión su nombre y firme su escrito. Hemos observado en varias ocasiones que, cuando el actor firma sólo la última hoja de su demanda, la autoridad que emitió la resolución o acto impugnado suele alegar en su defensa que las demás hojas no contienen nombre y firma, por lo que afirman que no cumplen con el requisito. Aun así, existe criterio de jurisprudencia que aclara esta situación, la Sala Superior, en la sesión de fecha 12 de marzo del año de 1999, **aprobó por unanimidad de votos la jurisprudencia de la tercera época, cuyo rubro es** "Firma autógrafa. En la promoción de un medio de impugnación en materia electoral se satisface este requisito, aun cuando la firma no aparezca en el escrito de expresión de agravios y sí en el documento de presentación de dicho medio impugnativo" y que en su contenido establece:

Cuando en el escrito de demanda por el que se promueve un medio impugnativo, no conste la firma autógrafa del promovente, pero el documento de presentación (escrito introductorio) sí se encuentra debidamente signado por el accionante, debe tenerse por satisfecho el requisito previsto en el artículo 9, párrafo 1, inciso g) de la Ley General del Sistema de Medios de Impugnación en Materia Electoral, ya que de éste se desprende claramente la voluntad del promovente de combatir el acto de autoridad que considera contrario a sus intereses, pues ambos

escritos deben considerarse como una unidad a través
de la cual se promueve un medio de impugnación.

(2000). Justicia Electoral, (Suplemento 3), p.16.

Pruebas

Por otro lado, debe tenerse claro que todas las pruebas que tenga el promovente deberá ofrecerlas con su escrito inicial, tal y como lo ordena el artículo 439, párrafo segundo y 440 del CEEM, o bien dentro del plazo para interponer el recurso. También podrá ofrecer pruebas fuera del plazo previsto, cuando se encuentre en los siguientes casos de excepción:

a. Siempre que sean supervinientes en virtud de que el actor las desconocía al momento de presentar su demanda y fueron emitidas con fecha posterior al de la presentación de la demanda por causas ajenas a la voluntad del oferente, o sea que él no las gestionó.
b. Si narra en su escrito inicial de demanda, en el ofrecimiento de pruebas, que solicitó la expedición del documento, antes de su presentación, a la autoridad o archivo en que se encontraba.

Lo anterior se corrobora con la jurisprudencia de la tercera época, emitida por la Sala Superior, con rubro "Pruebas supervenientes. Su surgimiento extemporáneo debe obedecer a causas ajenas a la voluntad del oferente".

De conformidad con lo establecido en el artículo 16, párrafo 4, de la Ley General del Sistema de Medios de Impugnación en Materia Electoral, se entiende por pruebas supervenientes: a) Los medios de convicción surgidos después del plazo legal en que deban aportarse, y b) Los surgidos antes de que fenezca el mencionado plazo, pero que el oferente no pudo ofrecer o aportar por desconocerlos o por existir obstáculos que no estaba a su alcance superar. Respecto de la segunda hipótesis, se advierte con toda claridad que se refiere a pruebas previamente existentes que no son ofrecidas o aportadas oportunamente por causas ajenas a la voluntad del oferente. Por otra parte, respecto de los medios de convicción surgidos en fecha posterior al vencimiento del plazo en que deban aportarse, mencionados en el inciso a), se puede advertir que tendrán el carácter de prueba superveniente sólo si el surgimiento posterior obedece también a causas ajenas a la voluntad del oferente, en virtud de que, por un lado, debe operar la misma razón contemplada en relación con la hipótesis contenida en el inciso b) y, por otra parte, si se otorgara el carácter de prueba superveniente a un medio de convicción surgido en forma posterior por un acto de voluntad del propio oferente, indebidamente se permitiría a las partes que, bajo el expediente de las referidas pruebas, subsanaran las deficiencias en el cumplimiento cabal y oportuno de la carga probatoria que la ley les impone.

Revista del Tribunal Electoral del Poder Judicial
de la Federación, Suplemento 6, (Año 2003), p 60.

Legitimación de los promoventes

Para que una persona tenga legitimidad para acudir a un
órgano jurisdiccional para iniciar un proceso, debe contar
con la calidad o característica especifica que para ese
efecto le especifique la ley, el CEEM, en su artículo 409.
Indica en su primer párrafo cuál debe tener la persona que
acuda al Tribunal Electoral a iniciar un JDCL, señalando:

> … *solo procederá cuando la ciudadana o el ciudadano,*
> *por sí mismo y en forma individual, o a través de sus*
> *representantes legales haga valer presuntas viola-*
> *ciones a sus derechos de votar y ser votada o votado…*

Del texto anterior podemos observar que la ley establece
dos tipos de legitimación para acudir al tribunal:

a. La legitimación en la causa se observa cuando
el texto del artículo anteriormente mencionado
indica "…solo procederá cuando la ciudadana
o el ciudadano, por sí mismo y en forma individual… ", o sea que el titular del derecho es
la persona que tiene la calidad de ciudadana o
ciudadano y puede hacer valer su derecho por
sí mismo.

b. Por otro lado, también refiere una legitimación
en el proceso, dando la facultad a la o el ciudadano para comparecer al tribunal a través de

un tercero; cuando el mismo artículo dispone "…o a través de sus representantes legales haga valer presuntas violaciones a sus derechos de votar y ser votada o votado…". En este último caso, el representante deberá acreditar fehacientemente su calidad, a través del documento que le permita la ley, como lo podría ser un poder para pleitos cobranzas.

Interés jurídico del promovente

De acuerdo con Gabino Castrejón (2012), para acreditar un interés jurídico debe observase en primer lugar; que el derecho que reclama el ciudadano o su representante está previsto en una ley, y, por otra parte, ese derecho debe estar siendo afectado por la autoridad, de ahí que para que una persona tenga interés jurídico al promover un JDCL deberá acreditar:

a. Que goza de cualquier derecho político-electoral de los establecidos en la lista señalada en páginas anteriores; y

b. Que la autoridad emitió un acto o resolución que afecta ese derecho, o bien que está omitiendo realizarlos con la misma finalidad.

Por ejemplo, si un ciudadano fue electo popularmente para ser integrante de un ayuntamiento como regidor y la autoridad electoral le entregó su constancia de mayoría para determinado periodo de gobierno, su calidad como integrante del Ayuntamiento está vigente para ese periodo de tiempo; y si otra autoridad dentro de esa vigencia le restringe o limita sus derechos como edil, a través de un acto de resolución u omisión, el afectado tiene un interés jurídico para impugnarlos ante el Tribunal Electoral.

Ampliación de la demanda

La demanda que contenga el JDCL puede ser ampliada, después de la fecha de presentación de la demanda, siempre que el actor tenga conocimiento de hechos nuevos ligados de manera íntima al reclamo que realiza, y sean anteriores al cierre de la instrucción, tal y como lo dispone la jurisprudencia de la Sala Superior de la cuarta época, con rubro "Ampliación de demanda. Procede dentro de igual plazo al previsto para impugnar (legislación federal y similares)".

> *De la interpretación sistemática y funcional de los artículos 41, párrafo segundo, base IV, y 116, fracción IV, incisos d) y e), de la Constitución Política de los Estados Unidos Mexicanos, y 8, 9, párrafo 1, inciso f); 16, párrafo 4; 43, 55, 63, párrafo 2; 66 y 91, párrafo 2 de la Ley General del Sistema de Medios de Impugnación en Materia Electoral, se advierte que la ampliación de demanda por hechos nuevos íntimamente relacionados con la pretensión deducida, o desconocidos por la parte actora al momento de presentar la demanda está sujeta a las reglas relativas a la promoción de los medios de impugnación; por*

tanto, los escritos de ampliación deben presentarse dentro de un plazo igual al previsto para el escrito inicial, contado a partir de la respectiva notificación o de que se tenga conocimiento de los hechos materia de la ampliación, siempre que sea anterior al cierre de la instrucción, pues con esta interpretación se privilegia el acceso a la jurisdicción.

Gaceta de Jurisprudencia y Tesis en materia electoral, Tribunal Electoral del Poder Judicial de la Federación, Año 3, Número 5, 2010, pp. 12 y 13.

También guarda relación la jurisprudencia de la cuarta época, emitida por la Sala Superior, y marcada con el número 18/2008, cuyo rubro y texto establecen: "Ampliación de demanda. Es admisible cuando se sustenta en hechos supervenientes o desconocidos previamente por el actor".

Los derechos de defensa y audiencia, así como a la tutela judicial efectiva, previstos en los artículos 14, 16 y 17 de la Constitución Política de los Estados Unidos Mexicanos, implican que los justiciables conozcan los hechos en que se sustentan los actos que afecten sus intereses, para garantizarles la adecuada defensa con la posibilidad de aportar las pruebas pertinentes. Así, cuando en fecha posterior a la presentación de la demanda surgen nuevos hechos estrechamente relacionados con aquellos en los que el actor sustentó sus pretensiones o se conocen hechos anteriores que se ignoraban, es admisible la ampliación de la demanda, siempre que guarden relación con los actos reclamados en la demanda inicial, dado que sería incongruente el estudio de argumentos tendentes a ampliar algo que no fue cuestionado; por ende, no debe constituir una segunda oportunidad de impugnación respecto de hechos ya controvertidos, ni se obstaculice o impida resolver dentro de los plazos legalmente establecidos.

Gaceta de Jurisprudencia y Tesis en materia electoral, Tribunal Electoral del Poder Judicial de la Federación, Año 2, Número 3, 2009, pp. 12 y 13.

Rencauzamiento de la demanda

Cuando el actor intenta ampliar su demanda con hechos que no estén estrechamente ligados con los que originalmente narró en su escrito inicial de demanda, la ampliación no es procedente. Sin embargo, si se presentó dentro del término concedido por la ley y del escrito de ampliación, la autoridad electoral advierte que existen nuevos hechos que se consideren acto, omisión o resolución con los que no está conforme el actor solicitante, el tribunal no debe desecharla, sino rencauzarla, atendiendo al derecho de acceso a la justicia contenido en el artículo 17 de la Constitución Federal, y el escrito cumpla con los requisitos establecidos en la jurisprudencia emitida por la Sala Superior de la tercera época identificada con el número 1/97 y que consisten en:

a. Que se encuentre identificado plenamente el acto o resolución que se impugna;

b. Aparece manifestada claramente la voluntad del inconforme de oponerse y no aceptar ese acto, omisión o resolución;

c. Se encuentran satisfechos los requisitos de procedencia del medio de impugnación legalmente idóneo para invalidar el acto o resolución contra el cual se opone; y

d. No se priva de la intervención legal a los terceros interesados.

Un ejemplo del rencauzamiento de la demanda es el contenido en el Juicio Ciudadano identificado como TEEM-JDC-312/2021 y que podrás analizar en la página del Tribunal Electoral del Estado de Michoacán en https://teemich.org.mx.

Acumulación

Según lo dispone el artículo 431 del CEEM, la acumulación procede en el JDCL cuando se considera que lo ameritan. De aquí podemos observar dos supuestos en la acumulación:

1. Que se acumulen dos o más JDCL cuando han sido promovidos por el mismo actor y en contra de actos, omisiones y/o resoluciones de una misma autoridad; y

2. Cuando se acumulen dos o más JDCL cuando existe diversidad de actores en contra de

actos, omisiones y/o resoluciones de una misma autoridad.

En el primer caso y conforme a la tesis aislada, con numero de registro digital 2020436 de la décima época, con rubro "**Acumulación de juicios. Presupuestos materiales para su procedencia",** se deberá observar que existan identidad de entre las partes que actúen en el proceso con la misma calidad (actor o demandado), que las acciones que se reclaman sean de la misma naturaleza, es decir, que el medio de impugnación electoral sea el JDCL, que las pretensiones entre los procedimientos que se acumulen no se excluyan recíprocamente, y que corresponda la misma competencia y jurisdicción. Mientras que para el segundo supuesto los JDCL se acumularán cuando los actores reclamen los mismos actos, resoluciones u emisiones de la misma autoridad, con la finalidad de evitar emitir sentencias contradictorias.

Aun así, la sentencia no se emitirá de manera general, sino que, como lo expone Meza (2017, p. 165), la acumulación genera certeza jurídica, a pesar de la tramitación simultanea y la resolución de varios asuntos en un mismo expediente, pues la resolución conserva sus elementos y características propias.

Presentación de la demanda

La presentación de la demanda puede hacerse ante el TEEM, tal y como lo dispone el segundo párrafo del artículo 383 y 390 fracción I, del CEEM, cuando refiere el primero de ellos que al Tribunal Electoral le corresponde garantizar la protección de los derechos político-electorales de los ciudadanos, mientras que el segundo dispone que al pleno del Tribunal Electoral le corresponde resolver los medios de impugnación de su competencia. Por otro lado, el artículo 421 del mismo código permite que el escrito inicial sea presentado ante la autoridad responsable.

El Juicio para la Protección de los Derechos Político-electorales, de los que conoce el Tribunal Electoral del Poder Judicial de la Federación, puede presentarse en línea en la liga: https://www.te.gob.mx/JuicioEnLinea.

En el Estado de México, a la fecha en que se realizó este trabajo, no existe la posibilidad de presentar un JDCL en línea o de manera virtual.

Actuaciones de la autoridad que recibe un JDCL

Si el JDCL lo recibió el TEEM en su oficialía de partes común, o la autoridad responsable, de manera indistinta, deberán hacerlo de conocimiento público, siguiendo el procedimiento señalado en el 422, del CEEM, de la siguiente manera:

a. Dentro de las veinticuatro horas siguientes a su recepción, la autoridad responsable, mediante cédula lo fijará en sus estrados y señalará el día y hora de su publicación.

b. Si la recepción fue en el TEEM, este ordenará remitir copia del JDCL a la autoridad responsable para los fines antes mencionados.

c. Una vez que la autoridad responsable fije la cédula, la mantendrá por un periodo de setenta y dos horas, con el objeto de que comparezcan terceros interesados coadyuvantes; y

d. La autoridad responsable, la que recibió inicialmente el JDCL, dará aviso al TEEM, o al Consejo General, indicando el nombre del actor, el acto o resolución impugnada, y la fecha y hora de su recepción.

Actuaciones realizadas ante el TEEM

a. El tribunal ordenará el registro, radicación y turno a la ponencia que conocerá del asunto.

b. En su caso, ordenar la acumulación de asuntos.

c. Con base en el artículo 439 del CEEM, solicitará a las autoridades responsables los requerimientos de documentación e informes circunstanciados sobre los hechos controvertidos en el los que explique los motivos y fundamentos jurídicos que considere pertinentes.

d. Emitir por escrito la resolución que en derecho corresponda, misma que se resolverá con por el voto de la mayoría de los integrantes del

Tribunal Electoral, la que tendrá como efecto sobre el acto o resolución que impugna:

a. La confirmación
b. Modificación,
c. Revocación, y
d. Restitución al promovente en el uso y goce del derecho político-electoral. violado.

Capítulo VI

De los instrumentos jurídicos para fundamentar los derechos político-electorales en el JDCL

Tratados internacionales

De acuerdo con el artículo 133 de la CPEUM, todos los tratados internacionales celebrados o que se celebren por el Presidente de la Republica con aprobación del senado serán la ley suprema de toda la unión.

México adoptó la **Convención Americana de Derechos Humanos** (CADH), también conocida como el Pacto de San José, en fecha 24 de marzo de 1981, y el contenido de su artículo 23 se refiere los derechos políticos de participación en asuntos públicos, votar y ser elegidos en las elecciones de su país, y tener acceso a condiciones generales de igualdad a las funciones públicas. Por otro lado, nuestro país, desde el año de 1981, es parte del tratado internacional denominado **Pacto Internacional de Derechos Civiles y Políticos**, que establece en su artículo 3, la obligación del estado de garantizar a hombres y mujeres el goce de sus derechos políticos. En ese mismo orden de ideas, el artículo 22 protege el derecho de asociación de los ciudadanos; el 23 el de igualdad en oportunidades; y el artículo 25 faculta a los ciudadanos a participar en la dirección de los asuntos públicos, a votar y ser elegidos en elecciones periódicas realizadas por sufragio universal e igual y por voto secreto, así como tener acceso en condiciones generales de igualdad a las funciones públicas de su país.

Constitución Política de los Estados Unidos Mexicanos

Nuestra ley suprema, en su artículo 35, también garantiza, por parte de las autoridades, el respeto a los derechos humanos y a los fundamentales reconocidos en su texto, entre los que se encuentran los derechos de la ciudadanía.

Constitución Política del Estado Libre y Soberano de México

Por su parte y con un texto similar al de la Constitución Federal, la local del Estado de México, en su artículo 29, dispone que los derechos político-electorales son prerrogativas de la ciudadanía y también garantizan el derecho a las y los ciudadanos mexiquenses a tomar parte de la vida política del país, votar y ser votado, asociarse en forma pacífica en los asuntos políticos del país; participar en las consultas populares y poder ser nombrado para cualquier empleo o comisión del servicio público; con la diferencia que les llama prerrogativas de la ciudadanía del Estado.

Es importante hacer notar que aun y cuando la Constitución Federal llama a los derechos político-electorales, derechos del ciudadano y la Constitución del Estado de México se refiere a ellos como prerrogativas, ambas garantizan su ejercicio sin que haya contradicción en su texto, pues, como lo advertimos en el Capítulo IV, son derechos humanos y fundamentales, llamados prerrogativas del ciudadano.

Siguiendo con la constitución local, podemos leer en su artículo 13 las bases para la creación de un sistema de medios de impugnación en materia electoral, con la finalidad de garantizar los principios de constitucionalidad y legalidad de los actos y resoluciones electorales, contemplando la existencia de una ley que contenga los procedimientos para garantizar la protección de los derechos político-electorales; de ahí que mediante "Gaceta del Gobierno", el 28 de junio del 2014 se publicó el decreto número 248, por el que la LVIII Legislatura del Estado de México expide el Código Electoral del Estado de México (CEEM). Por otro lado, el mismo artículo constituye la existencia de un Tribunal Electoral autónomo, de carácter permanente que será la máxima autoridad jurisdiccional en materia electoral.

Leyes generales y códigos electorales

De manera enunciativa podemos decir que las normas jurídicas que deberán aplicarse para la protección de los derechos político-electorales en el ámbito nacional son de carácter federal y local para el caso de cada estado.

A nivel federal, se aplicará la Ley General del Sistema de Medios de Impugnación en Materia Electoral (LGS-MIME), mientras que en el Estado de México se regula por el Código Electoral de Estado de México (CEEM). Como lo advertimos en el primer párrafo de este apartado, este señalamiento se hace de manera enunciativa, pues en la interpretación de estos ordenamientos se deben tomar en consideración otros que tienen relación con el derecho electoral.

En las siguientes ligas podrás encontrar las relacionadas a nivel federal y local en el Estado de México:

- INE: https://ine.mx/compendio-normativo/
- IEEM: https://www.ieem.org.mx/normatividad/normas-ieem/lineamientos.html

Jurisprudencia internacional

En el año 2011 la Suprema Corte de Justicia de la Nación (SCJN) determinó, en la resolución de la contradicción de tesis 293/2011, que las normas sobre derechos humanos contenidas en tratados internacionales tienen rango constitucional, así como que, en nuestro sistema jurídico, la jurisprudencia emitida por la Corte Interamericana de Derechos Humanos (Corte IDH) es obligatoria para las autoridades jurisdiccionales de nuestro país.

En una entrevista del entonces ministro de la SCJN, Arturo Fernando Zaldívar Lelo de Larrea, con Miguel Carbonell, de fecha 17 abril 2015, titulada "La importancia de los Tratados Internacionales de Derechos Humanos" se expuso en referencia a este tema lo siguiente:

Antes de esta jurisprudencia había dentro de la corte dos criterios, dos bloques digamos; quienes pensábamos que los derechos humanos de fuente internacional eran constitución y quienes pensaban que tenían jerarquía infra constitucional. A partir de esta jurisprudencia se crea o se reconoce este bloque de constitucionalidad, formado tanto por los derechos propiamente constitucionales, los que establece nuestra constitución, como aquellos que están en tratados internacionales y que se incorporan a la constitución por mandato del propio artículo primero. Entonces ya no hay una relación de jerarquía, hay una relación de armonización y de coordinación y esto tiene otro efecto adicional; es importante destacar que a partir de esta tesis ya no es válido interpretar los asuntos como si el derecho constitucional y el internacional fueran mundos separados.

De allí que la interpretación que realicemos sobre los derechos político-electorales debe realizarse de manera armónica entre los Tratados Internacionales, la Constitución Federal, la local, así como la Jurisprudencia emitida por la Corte IDH y las emitidas por los tribunales nacionales de la materia.

Jurisprudencia nacional

La jurisprudencia nacional puede ser emitida por el Tribunal Electoral de Poder Judicial de la Federación (TEPJF) y los Tribunales Electorales de los estados, en el caso de este trabajo, por el Tribunal Electoral del Estado de México (TEEM).

En cuanto al TEPJF, la Nueva Ley Orgánica del Poder Judicial de la Federación, publicada en el Diario Oficial de la Federación el 20 de diciembre 2024, define al Tribunal Electoral y sus facultades, entre las que se encuentra la de fijar jurisprudencia, tal y como se lee a continuación:

> *Artículo 253.*
>
> *En los términos de lo dispuesto por los artículos 41, Base VI; 60, párrafos segundo y tercero y 99, párrafo cuarto, de la Constitución Política de los Estados Unidos Mexicanos, el Tribunal Electoral del Poder Judicial de la Federación, de conformidad con lo que señalen la propia Constitución y las leyes aplicables, es competente para:*
>
> *I…a IV*
>
> *V. Fijar jurisprudencia en los términos de los artículos 289 al 292 de esta Ley;*

Por su parte, el TEEM tiene la facultad de establecer jurisprudencia de acuerdo con el CEEM, señalando en sus artículos 390 y 444 lo siguiente;

Artículo 390. Al pleno del Tribunal Electoral le corresponden las atribuciones siguientes:

I…a…X

XI. Establecer la jurisprudencia del Tribunal Electoral. Artículo 444. Los criterios contenidos en las resoluciones del pleno del tribunal electoral constituirán jurisprudencia, siempre que se sustenten en un mismo sentido en tres resoluciones sin ninguna en contrario.

Como resultado de todo lo anterior, resulta evidente que los tratados internacionales de derechos humanos, la jurisprudencia internacional, la Constitución Federal, la local, las leyes que emanen de ellas y la jurisprudencia nacional deben ser interpretadas armónicamente para la protección de los derechos político-electorales.

Capítulo VI

De las controversias entre los integrantes del Ayuntamiento

Ejemplo

Es común que durante el ejercicio de gobierno, las y los integrantes de los ayuntamientos tengan controversias entre sí, derivadas del uso de sus facultades, por lo que debemos advertir al lector que para este ejemplo utilizaremos el nombre de un municipio ficticio del Estado de México, periodo de gestión y personas no existen, enfocándonos en la situación que se plantea y la forma de resolverla a través del Juicio para la Protección de los Derechos Político-Electorales del Ciudadano local, medio de impugnación previsto en el ordenamiento Electoral del Estado de México, y cuya competencia corresponde al TEEM.

Para efectos de este trabajo, expondremos una controversia común que suele darse entre la o el presidente y las o los síndicos municipales, en razón de que, como se abordó en el Capítulo II, la figura del síndico municipal fue creada como un contrapeso para que el ejecutivo no centralice las decisiones de gobierno sin el conocimiento de los demás integrantes del Ayuntamiento y de la ciudadanía; por ejemplo, la Ley Orgánica Municipal del Estado de México, entre otras facultades, concede a las y los titulares de la sindicaturas de un municipio revisar y firmar los cortes de caja de la tesorería municipal; cuidar que la aplicación de los gastos se haga llenando todos los requisitos legales y conforme al presupuesto respectivo y vigilar que las multas que impongan las autoridades municipales ingresen a la tesorería, previo comprobante respectivo. Por su parte, la ley reglamentaria de las fracciones XXV y XXVI del artículo 61 de la Constitución Política del Estado Libre y Soberano de México, establece que la comisión de límites territoriales del municipio deberá ser encabezada por el síndico municipal, y, en el caso de que sean varios los síndicos de ese Ayuntamiento, corresponderá al segundo.

Tal y cómo se estableció en el capítulo IV, votar y ser votado es un derecho humano y fundamental, y para el caso de que la o el ciudadano que se postuló a un cargo de elección popular resultó electo, ese derecho humano se amplía a la posibilidad de ejercerlo, sin discriminación, y en las mismas condiciones de otro ciudadano electo para el mismo cargo u órgano de gobierno.

Violación al derecho político electoral de ser votado en su vertiente de desempeño al cargo y garantía de no discriminación

El municipio de Villa Bonita, Estado de México, cuenta con una población de 400 mil habitantes. Como consecuencia, el Ayuntamiento para el periodo 2025-2027 quedó integrado por un Presidente Municipal, un síndico y nueve regidores, cinco de mayoría relativa y cuatro de representación proporcional. El síndico ha tenido diferencias de opinión con el presidente durante las sesiones de cabildo derivadas de las funciones que desempeñan, pues el Presidente Municipal en la sesión de cabildo de fecha primero de febrero de 2025, ha propuesto, en términos de la fracción V. Bis del artículo 48 de la LOM, una modificación al presupuesto correspondiente al pago de las responsabilidades económicas derivadas de los conflictos laborales, en el que dice que el municipio ha gastado más dinero del originalmente presupuestado.

El síndico, ejerciendo sus facultades, previstas en las fracciones I. Bis. I. Ter. y III del artículo 53 de la ley antes referida, le ha hecho notar al presidente que, mediante diversos oficios, ha hecho de su conocimiento que no se le ha permitido supervisar a los representantes legales asignados por el Ayuntamiento para verificar la correcta atención y defensa de los litigios laborales, que existen irregularidades en la atención y/o defensa de los mismos, y que el gasto que se realiza por concepto de pago de laudos laborales no reúne los requisitos legales, conforme al presupuesto respectivo, solicitándole una aclaración del gasto reportado; petición que también ha realizado en dos sesiones públicas de cabildo que se transmiten en vivo a través de la página oficial de internet, frente a todos los integrantes del Ayuntamiento y los ciudadanos que siguen la transmisión.

Como consecuencia de lo anterior, el síndico emitió su voto en sentido negativo a la propuesta del Presidente Municipal, quien decidió dejar de pagar los salarios del personal del síndico, entre los que se encuentran una secretaria, un contador y un abogado. La falta de pago al personal del síndico comenzó desde la primera quincena del mes de febrero del año 2025 y cada una de las quincenas de los meses de marzo y abril de la misma anualidad, lo que impide que el personal siga trabajando. Por su parte, el Presidente Municipal, le asignó personal sindicalizado del municipio, para su auxilio.

En ese contexto, el síndico no puede ejercer su derecho político-electoral a ser votado, que incluye el derecho a ocupar y desempeñar el cargo en igualdad de condiciones que todos los demás integrantes del Ayuntamiento, al no contar con el personal necesario para desempeñar sus facultades establecidas en las leyes aplicables, impidiéndole emitir observaciones y recomendaciones respecto del cuidado en el ingreso y gasto del presupuesto aprobado, ni presentar una defensa adecuada de los límites territoriales de su municipio. Ahora bien, si es cierto que el Presidente Municipal, para cubrir esos espacios, le asignó al síndico personal sindicalizado para que le auxiliara, también lo es que estos no cuentan con la preparación técnica, jurídica y financiera que necesitan, sin dejar a un lado que a ningún regidor que votó en favor de su propuesta le quitó al personal que ellos habían nombrado para auxiliarlos. Es decir: le dio un trato diferenciado, discriminándolo respecto de los otros integrantes del Ayuntamiento, para que no pueda ejercer de la manera más profesional posible el cargo para el que fue electo.

Elementos de la acción del Juicio para la Protección de los Derechos Político-Electorales del Ciudadano Local (JDCL)

Dados todos los acontecimientos señalados con anterioridad, el síndico interpuso ante el Tribunal Electoral del Estado de México el **Juicio para la Protección de los Derechos Político-Electorales del Ciudadano Local,** expresando como agravios la violación de su derecho político-electoral de ser votado en su vertiente de desempeño al cargo y a la violación a la garantía de no discriminación.

La demanda que presenta la parte actora se fundamenta en el siguiente estudio de la acción:

<u>Sujetos</u>

Actor: Síndico del municipio de Villa Bonita, Estado de México

Demandado o autoridad responsable: Presidente Municipal de Villa Bonita, Estado de México; Director de administración, como integrante de la administración pública del municipio de Villa Bonita, Estado de México.

Órgano ante quien se interpuso la demanda: Tribunal Electoral del Estado de México

Objeto

Que se decrete la violación al derecho humano político-electoral del síndico municipal de ser votado, en su vertiente de ejercicio del cargo y obstrucción al mismo, como consecuencia de un trato discriminatorio por parte de las autoridades responsables, al cesar a todo su personal de confianza.

Que el Presidente Municipal en calidad de encargado de la administración pública municipal, a través de su Administrador, Director de Recursos Humanos, Director de Administración o quien tenga la facultad delegada para hacerlo, restituya al síndico municipal el derecho a tener el personal de confianza con el que contaba antes de interponer esta demanda.

Que, para evitar un trato diferenciado respecto de otros ediles, y toda vez que el personal retirado es de confianza, el restituido debe ser propuesto por el síndico municipal.

Elementos por probar

1. Que el síndico municipal fue electo por voto popular y forma parte de un grupo o cuerpo colegiado de gobierno llamado Ayuntamiento.

2. Que el síndico y los demás miembros del Ayuntamiento rindieron protesta como integrantes del Ayuntamiento, en los términos que señala la LOM, y tiene la calidad de servidor público electo popularmente.

3. Que se instaló el Ayuntamiento en términos de lo que establece la LOM y, a partir de su instalación, el síndico en conjunto con los demás integrantes del Ayuntamiento realiza actos de gobierno en representación de la ciudadanía.

4. Que el Presidente Municipal está obligado a dar a todos los integrantes del Ayuntamiento un trato igualitario, sin discriminación.

5. Que a todos los integrantes del Ayuntamiento se les dotó de personal de confianza para que ejercieran debidamente el cargo para el que fueron electos.

6. Que todos los integrantes del Ayuntamiento propusieron a su personal de confianza y fueron dados de alta por la Dirección de administración en el puesto.

7. Que el Presidente Municipal, en la sesión de cabildo de fecha primero de febrero de 2025, ha propuesto una modificación al presupuesto correspondiente al pago de las responsabilidades económicas derivadas de los conflictos laborales.

8. Que el síndico, ejerciendo sus facultades previstas en las fracciones I. Bis. I. Ter y III del artículo 53 de la LOM, emitió su voto en sentido negativo a la propuesta del Presidente Municipal.

9. Que los demás integrantes del Ayuntamiento votaron en sentido afirmativo la propuesta del Presidente.

10. Que después de la fecha de la sesión, no fueron pagados los salarios de los trabajadores de confianza del síndico desde la primera quincena del mes de febrero del año 2025 y cada una de las quincenas de los meses de marzo y abril y las que se siguen generando, lo que impide que el personal siga trabajando.

11. Que a ningún otro integrante del Ayuntamiento le han retirado a su personal de confianza y les siguen pagando a todos y cada uno de ellos.

12. Que no existe justificación razonable, razón legal y administrativa por parte de las autoridades responsables para realizar tal distinción en perjuicio del síndico, y que fue un acto autoritario o arbitrario.

Medios de prueba

Las documentales públicas, que consisten en la constancia de mayoría y declaración de validez de la elección con la que se acredita la personalidad e interés jurídico del promovente.

La documental pública, que consiste en el acta solemne de cabildo, en el que se toma protesta al Ayuntamiento entrante.

La documental pública, consistente en el acta de la sesión solemne de cabildo de instalación del Ayuntamiento.

La documental pública, consistente en los oficios que el síndico envió al Presidente y a los órganos de administración relacionados con el alta y baja de personal.

Los documentos públicos, que acrediten que la baja de la totalidad del personal de confianza únicamente se realizó con el de la sindicatura.

Las documentales públicas en las que consten las respuestas del Presidente y los órganos de administración relacionados con el alta y baja de personal que no contengan una razón legal o administrativa para la baja.

Las documentales públicas en las que consten las respuestas del Presidente y los órganos de administración con la que justifique la baja del personal con el argumento de que se trata del uso de las facultades que le concede la autonomía constitucional del Ayuntamiento.

La documental técnica, que consiste en la audio y video-grabaciones de las sesiones de cabildo.

Modelo de demanda de JDCL

Por el que el síndico municipal solicita se decrete la violación a su derecho humano político-electoral de ser votado, en su vertiente de ejercicio del cargo, como consecuencia de un trato discriminatorio.

ACCIÓN: JUICIO PARA LA PROTECCIÓN DE LOS DERECHOS POLÍTICO-ELECTORALES DEL CIUDADANO LOCAL
ACTOR: SÍNDICO MUNICIPAL DE VILLA BONITA, ESTADO DE MÉXICO

V.S.

DEMANDADO O AUTORIDAD RESPONSABLE: PRESIDENTE MUNICIPAL DEL AYUNTAMIENTO DE VILLA BONITA, ESTADO DE MÉXICO, Y OTROS.
ÓRGANO JURISDICIONAL: C.C. MAGISTRADOS INTEGRANTES DE TRIBUNAL ELECTORAL DEL ESTADO DE MÉXICO.

Síndico municipal del Ayuntamiento de Villa Bonita, Estado de México, por mi propio derecho, personalidad que acredito con la Constancia de Mayoría y Validez de Elección, expedida por el Instituto Electoral del Estado de México, señalando como domicilio para oír y recibir todo tipo de notificaciones y documentos, la oficina de la sindicatura municipal, constituida en el primer piso del Palacio Municipal, ubicado en calle Del Roció, colonia Lluvia del municipio de Villa Bonita, Estado de México; autorizando para oírlas en mi nombre a los **licenciados: Miguel Eduardo Rendón Santana y Guillermo Alfredo torres Osorio** y señalando en los mismos términos el correo electrónico: **jdcl@hotmail.com** ante ustedes, con el debido respeto comparezco y expongo lo siguiente:

Que por este conducto y con fundamento en lo establecido por los artículos 1, 8, 41, fracción VI, 108, párrafos primero y tercero, 109, fracción III, de la Constitución Política de los Estados Unidos Mexicanos; artículos 383, 390, 405, 409, inciso "c", 410, 422 y 446 del Código Electoral del Estado de México; 8, 17, 18 y 19 de la Ley General de Sistemas de Medios de Impugnación; 51, fracción I, 52 y 53, de la Ley Orgánica Municipal del Estado de México y demás relativos aplicables, vengo a promover **Juicio para la Protección de los Derechos Político-Electorales de la o el Ciudadano** por la violación a mi derecho humano político-electoral de ser votado, en su vertiente de ejercicio y obstrucción del cargo, como consecuencia de un trato discriminatorio por parte de las autoridades responsables, al cesar a todo mi personal de confianza.

AUTORIDADES RESPONSABLES

A. PRESIDENTE MUNICIPAL DE VILLA BONITA, ESTADO DE MÉXICO.

B. DIRECTOR DE ADMINISTRACIÓN, DEPENDIENTE DEL PRESIDENTE MUNICIPAL DE LA ADMINISTRACIÓN PÚBLICA DEL MUNICIPIO DE VILLA BONITA, ESTADO DE MÉXICO.

ACTO IMPUGNADO

ÚNICO. La violación al derecho humano político-electoral del ocursante, en mi calidad de síndico municipal, de ser votado, en su vertiente de ejercicio del cargo y obstrucción al mismo, como consecuencia de un trato discriminatorio por parte de las autoridades responsables, al cesar a todo mi personal de confianza, sin razón legal o administrativa y de manera autoritaria.

PROCEDENCIA DE LA VÍA

Tratándose del derecho político-electoral de ser votado en su vertiente de ejercicio al cargo, el presente medio de impugnación resulta procedente, pues existe una afectación directa a mi derecho político-electoral, fundada en los actos discriminatorios con relación a los recursos humanos, que tiene la sindicatura a mi cargo, respecto a los demás miembros del Ayuntamiento;

impidiendo al suscrito el acceso al cargo para el que fui electo mediante voto popular, para ejercerlo con el mayor beneficio a la ciudadanía.

HECHOS

1. En fecha 02 de junio del año 2024, el suscrito, junto con los regidores y el Presidente Municipal, fui electo como integrante del Ayuntamiento de Villa Bonita, Estado de México, para el periodo 2025-2027, en la posición de síndico municipal, por lo que **formo parte de ese grupo o cuerpo colegiado de gobierno**, hecho que acredito con la constancia de mayoría y validez de la elección, expedida por el Instituto Electoral del Estado de México, documento que a este escrito exhibo y anexo.

2. En fecha 15 de diciembre de 2024, durante la sesión solemne de cabildo, el suscrito en conjunto con el presidente y regidores electos tomamos protesta como integrantes del Ayuntamiento de Villa Bonita, Estado de México, en los términos que señala la Ley Orgánica Municipal del Estado de México, y a partir de ese momento tuve **la calidad de servidor público electo popularmente**, hecho que acredito con la copia certificada de la sesión de cabildo mencionada con anterioridad.

3. En fecha primero de enero del año 2025, siendo las 8:30 horas del día, en el salón de cabildos del palacio municipal de Villa Bonita, Estado de México, se

instaló el Ayuntamiento del municipio para el periodo 2025-2027, mediante sesión solemne de cabildo, en los términos que señala la Ley Orgánica Municipal del Estado de México, y, en la misma, el suscrito en mi calidad de síndico; los regidores y el Presidente Municipal, en representación de la ciudadanía aprobamos el nombramiento del secretario del Ayuntamiento, la nueva estructura administrativa y los nombramientos de los directores propuestos por el Presidente Municipal, es decir, como integrantes de un mismo grupo o cuerpo de gobierno y en calidad de servidores públicos electos popularmente, emitimos actos de gobernabilidad en beneficio de la ciudadanía, hecho que acredito con la copia certificada de la sesión de cabildo mencionada con anterioridad.

4. Ahora bien, es el caso que el suscrito en calidad de síndico junto con el Presidente Municipal y los regidores del Ayuntamiento Villa Bonita, Estado de México, formamos parte de un mismo cuerpo colegiado de gobierno y tenemos la calidad de servidores públicos, a través del cual se ejercen actos de gobernanza como representantes populares, conforme a lo dispuesto por el artículo 116 de la CPELSM, razón por la que todos debemos tener un trato igualitario, hecho que implica el deber jurídico del Presidente Municipal de garantizar al ocursante la no discriminación y un trato idéntico al que reciben los demás integrantes del Ayuntamiento.

5. Mediante oficio DA/10/2025 de fecha 02 de enero de 2025, el titular de la dirección de administración solicitó al suscrito la lista del personal de confianza que estaría a mi cargo, para cumplir con mis funciones, así como la documentación de cada una de las personas propuestas para causar alta en la nómina correspondiente. En seguimiento al oficio antes mencionado en fecha 03 de enero de 2025, remití el oficio SM/03/2025, con los nombres y documentación requeridos para ocupar las plazas de asesor jurídico, asesor contable, y auxiliar administrativo, hecho que acredito con los oficios antes mencionados y que a este escrito exhibo y anexo.

6. Es el caso que a todos los integrantes del Ayuntamiento se les dotó de personal de confianza para que ejercieran debidamente el cargo para el que fueron electos, mediante el mismo procedimiento, tal y como lo acredito con la respuesta de solicitud de información al departamento de transparencia, en el que consta que cada uno de los regidores cuenta con cinco plazas de personal de confianza, documento que a este escrito exhibo y anexo.

7. El Presidente Municipal en la sesión de cabildo de fecha primero de febrero de 2025, y en términos de la fracción V. Bis del artículo 48 de la LOM, propuso una modificación al presupuesto correspondiente al pago de las responsabilidades económicas derivadas de los conflictos laborales, en el que dice que el municipio ha gastado más dinero del originalmente presupuestado.

8. El promovente en mi calidad de síndico ejerciendo las facultades previstas en las fracciones I. Bis. I. Ter y III del artículo 53 de la ley antes referida, hice notar al Presidente en la sesión que, mediante oficios SM/09/2025 y SM/11/2025 hice de su conocimiento que no se me ha permitido supervisar a los representantes legales asignados por el Ayuntamiento para verificar la correcta atención y defensa de los litigios laborales que existen irregularidades en la atención y/o defensa de los mismos, y que el gasto que se realiza por concepto de pago de laudos laborales, no reúnen los requisitos legales conforme al presupuesto respectivo, solicitándole una aclaración del gasto reportado, petición que también he realizado en dos sesiones públicas de cabildo que se transmiten en vivo a través de la página oficial de internet, frente a todos los integrantes del Ayuntamiento y los ciudadanos que siguen la transmisión. Como consecuencia de lo anterior, el suscrito en mi calidad de síndico, emití mi voto en sentido negativo a la propuesta del Presidente Municipal, hecho que acredito con la copia certificada del acta referida y las videograbaciones de las sesiones recuperadas de la página oficial del Ayuntamiento de Villa Bonita, Estado de México.

9. En la sesión de cabildo, señalada en el hecho inmediato anterior, los demás integrantes del Ayuntamiento votaron en sentido afirmativo a la propuesta del Presidente, hecho que acredito con la copia certificada del acta referida y las videograbaciones de

las sesiones recuperadas de la página oficial del Ayuntamiento de Villa Bonita, Estado de México.

10. Después de la fecha de la sesión, no fueron pagados los salarios de los trabajadores de confianza adscritos a la sindicatura de la que soy titular, es decir, desde la primera quincena del mes de febrero del año 2025 y cada una de las quincenas de los meses de marzo, abril y las que siguen corriendo del mismo año, lo que impide que el personal siga trabajando. De lo anterior he enviado los oficios SM/25/2025 y SM/26/2025 al director de recursos humanos y al Presidente Municipal, sin embargo, a la fecha de presentación de esta demanda, no he recibido respuesta.

11. Resulta que a ningún otro integrante del Ayuntamiento le han retirado a su personal de confianza, y les siguen pagando a todos y cada uno de ellos, tal y como lo acreditaré con el informe que esta autoridad solicite al director de administración y al Presidente Municipal, así como el informe de transparencia que a este escrito exhibo y anexo.

12. Ahora bien, a pesar de que el suscrito haya votado contra las propuestas del Presidente Municipal, no lo justifica razonablemente para realizar tal distinción entre el ocursante y los demás integrantes del Ayuntamiento, y tampoco existe una razón legal y administrativa que autorice un trato desigual; entre los integrantes del Ayuntamiento, es decir, el Presidente Municipal, no puede justificar el retiro total de mi personal de confianza argumentando la

autonomía constitucional del Ayuntamiento, o que me haya asignado personal sindicalizado, lo que evidencia un trato autoritario y arbitrario.

AGRAVIOS

PRIMERO. Me causan agravio las autoridades responsables por la violación a mi derecho humano político-electoral de ser votado, en su vertiente de ejercicio del cargo y obstrucción al mismo, como consecuencia de un trato discriminatorio, al cesar a todo mi personal de confianza sin razón legal o administrativa y de manera autoritaria. Lo anterior en virtud de que el suscrito, en términos del artículo 116 de la Constitución Política del Estado Libre y Soberano de México, pertenezco a un cuerpo colegiado de gobierno denominado ayuntamiento y ejerzo, junto con el Presidente Municipal y los regidores, actos de gobernanza y gobernabilidad. Es decir, en nuestra función se ubica una semejanza jurídica, ostentando una calidad igualitaria entre todos los integrantes (servidores públicos). Sin embargo, solo al suscrito se me ha dado de manera arbitraria e injustificada un trato distinto con relación a los demás integrantes del Ayuntamiento al que pertenezco, retirándome todo el personal de confianza de apoyo.

SEGUNDO.- Las autoridades responsables violan mi derecho humano político-electoral, de ser votado, en su vertiente de ejercicio del cargo y obstrucción al mismo, como consecuencia de un trato discriminatorio, pues como lo manifesté, el retiro por parte de las autoridades responsables de todo mi personal de confianza me causa agravios, pues al encontrarme en una situación de semejanza jurídica frente al Presidente Municipal y los regidores que integramos el Ayuntamiento, los actos que realizamos los hacemos de manera colegiada como representantes populares, y no realizamos esa representación de manera individual o particular, siendo esta la razón por la que tanto el Presidente Municipal, el peticionario en mi calidad de síndico, y los regidores del Ayuntamiento pertenecemos a un mismo grupo y ostentamos ante la ciudadanía la calidad de servidores públicos de elección popular, realizando conjuntamente actos de gobierno, de ahí que todos tenemos facultades delegadas por la Ley Orgánica Municipal, y debemos contar con los mismos derechos para estar en aptitud de ejecutarlas.

TERCERO. - Las autoridades responsables violan mi derecho humano político-electoral de ser votado, en su vertiente de ejercicio del cargo y obstrucción al mismo, como consecuencia de un trato discriminatorio, pues el retiro de todo mi personal de confianza impide que ejerza mi derecho político-electoral a ser votado en su vertiente de ejercicio al cargo en condiciones de igualdad a las del Presidente Municipal y los demás regidores. Esto evidencia una situación de privilegio injustificada, creada por las autoridades responsables, en perjuicio del suscrito, a quien no consideran parte del grupo al que pertenezco, lo que infringe los elementos que integran el parámetro general del principio de igualdad y no discriminación derivada de la jurisprudencia con registro digital 2012594, publicada en la Gaceta del Semanario Judicial de la Federación, Libro 34, septiembre de 2016, Tomo I, página 112, cuyo rubro y texto establecen:

PRINCIPIO DE IGUALDAD Y NO DISCRIMINA-CIÓN. ALGUNOS ELEMENTOS QUE INTEGRAN EL PARÁMETRO GENERAL. El principio de igualdad y no discriminación permea todo el ordenamiento jurídico. Cualquier tratamiento que resulte discriminatorio respecto del ejercicio de cualquiera de los derechos reconocidos en la Constitución es, per se, incompatible con ésta. Es contraria toda situación que, por considerar superior a un determinado grupo, conduzca a tratarlo con algún privilegio, o que, inversamente, por considerarlo inferior, sea tratado con hostilidad o de cualquier forma se le discrimine del goce de derechos que sí se reconocen a quienes no se consideran incursos en tal situación. Sin embargo, es importante recordar que no toda diferencia en el trato hacia una persona o grupo de personas es discriminatoria, siendo jurídicamente diferentes la distinción y la discriminación, ya que la primera constituye una diferencia razonable y objetiva, mientras que la segunda constituye una diferencia arbitraria que redunda en detrimento de los derechos humanos. En igual sentido, la Constitución no prohíbe el uso de categorías sospechosas, sino su utilización de forma injustificada. No se debe perder de vista, además, que la discriminación tiene como nota característica que el trato diferente afecte el ejercicio de un derecho humano. El escrutinio estricto de las distinciones basadas en las categorías sospechosas garantiza que sólo serán constitucionales aquellas que tengan una justificación muy robusta.

PRUEBAS

La documental pública, que consiste en la constancia de mayoría y declaración de validez de la elección con la que se acredita la personalidad e interés jurídico del promovente. Esta prueba la relaciono con todos y cada uno de los hechos y agravios expuestos en este escrito.

La documental pública, que consiste en el acta solemne de cabildo, en el que se toma protesta al Ayuntamiento entrante, con la que acredito que formo parte de un grupo o cuerpo colegiado de gobierno, llamado Ayuntamiento, razón por la que me encuentro en una semejanza jurídica respecto de los demás integrantes del Ayuntamiento. Esta prueba la relaciono con todos y cada uno de los hechos y agravios expuestos en este escrito.

La documental pública, que consiste en el acta de la sesión solemne de cabildo de instalación del Ayuntamiento, con la que acredito que, al igual que todos los integrantes del Ayuntamiento, tengo la calidad de servidor público electo popularmente. Esta prueba la relaciono con todos y cada uno de los hechos y agravios expuestos en este escrito.

La documental pública, consistente en la copia certificada del acta de la sesión solemne de cabildo de instalación del Ayuntamiento, con la que acredito que, además de pertenecer al mismo grupo que los demás integrantes del Ayuntamiento, tenemos la calidad de servidores públicos, en conjunto y de manera colegiada, y ejercemos una representación popular, realizando conjuntamente actos de gobierno. Esta prueba la relaciono con todos y cada uno de los hechos y agravios expuestos en este escrito.

Las documentales públicas, que consisten en el oficio DA/10/2025 de fecha 02 de enero de 2025, con el que se acredita que el titular de la dirección de administración solicitó al suscrito la lista del personal de confianza que estaría a mi cargo, así como el oficio de fecha 03 de enero de 2025 con nomenclatura SM/03/2025, con el que di contestación al primero mencionado. Con esta prueba acredito que a todos los integrantes del Ayuntamiento se les dotó de personal de confianza para que ejercieran debidamente el cargo para el que fueron electos y que todos los integrantes del Ayuntamiento propusieron a su personal de confianza. Esta prueba la relaciono con todos y cada uno de los hechos y agravios expuestos en este escrito.

Las documentales públicas, que consisten en los informes rendidos por el departamento de transparencia municipal con los que se acredita que a ningún otro integrante del Ayuntamiento le retiraron su personal de apoyo y, en un trato distinto al des suscrito, tienen dos plazas más para el desempeño de sus funciones. Esta prueba la relaciono con todos y cada uno de los hechos y agravios expuestos en este escrito.

Las documentales públicas, que consisten en los oficios SM/09/2025 y SM/11/2025, con acuse de recibo de la oficialía de partes de la presidencia municipal, con las que acredito que informé al titular del ejecutivo que existen irregularidades en la atención y/o defensa de los mismos, y que el gasto que se realiza por concepto de pago de laudos laborales no reúnen los requisitos legales, conforme al presupuesto respectivo, solicitándole una aclaración del gasto reportado, petición que también he realizado en dos sesiones públicas de cabildo que se transmiten en vivo a través de la página oficial de internet, frente a todos los integrantes del Ayuntamiento y los ciudadanos que siguen la transmisión como consecuencia de lo anterior. Esta prueba la relaciono con todos y cada uno de los hechos y agravios expuestos en este escrito.

La documental técnica, que consiste en la videograbación de la sesión de cabildo de fecha primero de febrero de 2025, recuperada de la página oficial del Ayuntamiento de Villa Bonita, Estado de México, con la que se acredita el sentido de mi voto a la propuesta del Presidente Municipal y el voto de los demás integrantes del Ayuntamiento. Esta prueba la relaciono con todos y cada uno de los hechos y agravios expuestos en este escrito.

Las documentales públicas, que consisten en los oficios SM/25/2025 y SM/26/2025, con acuse de recibo de la oficialía de partes de la presidencia municipal y la dirección de administración con las que acredito la solicitud de información de los motivos por los que cesaron a mi personal de confianza. Esta prueba la relaciono con todos y cada uno de los hechos y agravios expuestos en este escrito.

La presuncional humana, que se desprende del hecho conocido que consiste en que el síndico municipal fue electo por voto popular y forma parte de un grupo o cuerpo colegiado de gobierno llamado Ayuntamiento y tiene la calidad de servidor público electo popularmente, y que relacionado con las documentales que ofrezco como prueba, se acredita que no existe justificación razonable, razón legal y administrativa por parte de las autoridades responsables para dar un trato diferenciado y discriminatorio, en perjuicio del suscrito, al haberme retirado el personal de confianza.

Por lo anteriormente expuesto;

A ustedes, magistrados, solicito:

Primero. Tenerme por presente en términos de este escrito, interponiendo el medio de impugnación.

Segundo. Tener por señalado el domicilio para oír y recibir notificaciones, así como el correo electrónico para los mismos efectos; y por autorizados a las personas nombradas en el proemio de este escrito.

PROTESTO LO NECESARIO

SÍNDICO MUNICIPAL

Bibliografía

Alcántara, M. (1992). Los Problemas de Gobernabilidad de un Sistema Político en Cambio Político y Gobernabilidad (Merino Huerta, coord.). México; Consejo Nacional de Ciencia y Tecnología. CONACYT.

Arellano, D. (2011). Gobierno y Administración Pública Municipal: Un panorama de fragilidad institucionalizada. México; Centro de Investigación y Docencia Económica. CIDE.

Arestegui, R. (2010). Guía práctica del Síndico. México; Coordinación Estatal para el Fortalecimiento Institucional de los Municipios. CEFIM.

Asamblea General de la ONU. (1948, 10 de diciembre). Declaración Universal de Derechos Humanos. Resolución 217 A (III). [Link: ONU https://www.un.org/es/about-us/universal-declaration-of-human-rights].

Azuela, M. (2008). Garantías. México: Poder Judicial de la Federación.

Cabrero, E. (2011). Capacidades Institucionales en Gobiernos Subnacionales de México: ¿un obstáculo para la descentralización fiscal?", México; Gestión y Política Pública, México, CIDE, vol. XIII, núm. 3, segundo semestre.

Cámara de Diputados. (2019). Constitución de 1836. Google. Recuperado de: https://www.diputados.gob.mx/ biblioteca/bibdig/const_mex/const_1836.pdf.

Cámara de Diputados. (2019). Constitución de 1857 con sus Adiciones y Reformas hasta el año 1901. Google. Recuperado de: https://www.diputados.gob.mx/ biblioteca/bibdig/const_mex/const_1857.pdf.

Castrejón, G. (2012). El Interés Jurídico y Legítimo en el Sistema de Impartición de Justicia. Acervo de la Biblioteca Jurídica Virtual del Instituto de Investigaciones Jurídicas de la UNAM, pp.45-67.

Código Civil del Estado de México; Publicado en el Periódico Oficial "Gaceta del Gobierno" el 7 de junio de 2002. Última reforma publicada en el POGG: 3 de abril de 2025.

Código Electoral del Estado de México; Publicado en el Periódico Oficial "Gaceta del Gobierno" el 28 de junio de 2014. Última Reforma publicada en el POGG: 14 de enero de 2025.

Comisión de Derechos Humanos de la Ciudad de México. (2017). La Convención Americana de los Derechos Humanos, Herramienta Fundamental para la Defensa de la Dignidad Humana en México. Google. Recuperado de: https://cdhcm.org.mx/2017/07/la-convencion-americana-de-los-derechos-humanos-herramienta-fundamental-para-la-defensa-de-la-dignidad-humana-en-mexico/#:~:text=En%20México%2C%20la%20Convención%20fue,24%20de%20marzo%20de%201981.

Congreso de Diputados. (2020). Constituciones Españolas 1812 - 1978. Google. Recuperado de https://www.congreso.es/docu/constituciones/1812/ce1812_cd.pdf.

Constitución Política de los Estados Unidos Mexicanos, publicada en el Diario Oficial de la Federación el 5 de febrero de 1917, Última reforma publicada DOF 15 de abril de 2025.

Constitución Política del Estrado Libre y Soberano de México, Publicada en el Periódico Oficial "Gaceta del Gobierno" el 10, 14 y 17 de noviembre de 1917. Última reforma 20 de marzo de 2025.

Dahl, R. (2002). La Democracia y sus Críticos. España: Paidós.

De la Mata, F. (2019). Justicia Electoral en Imágenes 2019. México. Tribunal Electoral del Poder Judicial de la Federación.

Figueroa, E. (2006). Derecho Electoral. México: Iure Editores.

Glosario Electoral del INE; (2018). México.

González, D. (2001). El Municipio en México; México. Instituto de Investigaciones Jurídicas UNAM.

Instituto de Investigaciones Jurídicas de la UNAM [Miguel Carbonell]. (17 abril 2015). La importancia de los Tratados Internacionales de Derechos Humanos. [Video]. Recuperado de https://youtu.be/pgAKCDaY-mE4?si=tXaz1NWfBP0RA05N.

Instituto Mexicano para la Competitividad. (2020). Administración Pública. Google. Centro de Investigación en Política Pública Recuperado de https://imco.org.mx

Ley de Fiscalización Superior del Estado De México, Publicada en el Periódico Oficial "Gaceta del Gobierno" el 26 de agosto de 2004. Última reforma POGG: 25 de mayo de 2022.

Ley Federal de Consulta Popular, Publicada en el Diario Oficial de la Federación el 14 de marzo de 2014. Última reforma publicada DOF 19 de mayo de 2021.

Ley Federal de Revocación de mandato, publicada en el Diario Oficial de la Federación el 14 de septiembre de 2021 y su Declaratoria de invalidez de artículos por Sentencia de la SCJN notificada al Congreso de la Unión para efectos legales el 04 de febrero de 2022 y publicada DOF el 26 de septiembre 2022.

Ley Orgánica del Poder Judicial del Estado de México; Publicada en el Periódico Oficial "Gaceta del Gobierno" el 6 de octubre de 2022. Última reforma publicada en el POGG: 20 de julio de 2023.

Ley Orgánica del Poder Judicial de la Federación; Nueva ley Publicada en el Diario Oficial de la Federación, el 20 de diciembre de 2024.

Ley que Regula el Régimen de Propiedad en Condominio en el Estado De México. Publicada en el Periódico Oficial "Gaceta del Gobierno" el 11 de abril de 2002. Última reforma POGG: 29 de abril de 2024.

Ley Reglamentaria de las Fracciones XXV Y XXVI del Artículo 61 de la Constitución Política del Estado Libre y Soberano De México. Publicada en el Periódico Oficial "Gaceta del Gobierno" el 3 de septiembre de 2010. Última reforma POGG: 5 de abril de 2024.

Merino, M. (2019). Gobierno Local y Combate a la Corrupción. Un nuevo diseño municipal en México. Centro de Investigación y Docencia Económica. CIDE.

Meza, J. (2017). Presupuestos Prácticos para la aplicación de la Ley General del Sistema de Medios de Impugnación en Materia Electoral. México: Suprema Corte de Justicia de la Nación.

Organización de las Naciones Unidas. (1966). Pacto Internacional de Derechos Civiles y Políticos. Google. Oficina del Alto Comisionado de las Naciones Unidas para los Derechos Humanos. Google Recuperado de: https://www.ohchr.org/es/instruments-mechanisms/instruments/international-covenant-civil-and-political-rights.

Organización de Estados Americanos. (1978). Convención Americana sobre Derechos Humanos (Pacto de San José). Google. Gaceta Oficial No. 9460 del 11 de febrero de1978 Recuperado de: https://www.oas.org/dil/esp/1969_Convención_Americana_sobre_Derechos_Humanos.pdf.

Pantoja, S. (2023). Manual del Síndico Municipal: Estado de México. Instituto Hacendario del Estado de México. IHAEM.

Real Academia de la Lengua Española. (2025). Prerrogativa. Recuperado de https://dle.rae.es/prerrogativa?m=form

Reynoso et al. (2003). Manual Básico para la Administración Municipal. México; Instituto Administración Pública del Estado de México IAPEM.

Rubalcaba G. (2023). Manual de Justicia Electoral. México. Tribunal Electoral del Poder Judicial de la Federación.

Sánchez, M. (2016). Gobiernos Municipales y Partidos Políticos en el Estado de México. México; Academia Internacional de Ciencias Político-Administrativas y Estudios de Futuro. IAPAS.

Secretaría General OEA. (1981). Convención Americana Sobre Derechos Humanos. Google. Dirección General de Tecnologías de Información y Comunicaciones Comisión Nacional de los Derechos Humanos Recuperado de: https://www.oas.org/dil/esp/1969_Convención_Americana_sobre_Derechos_Humanos.pdf.

Soto, M. (2024). Compilación 2014-2024. México: Tribunal Electoral del Poder Judicial de la Federación.

Miguel Eduardo Rendón Santana nació en la ciudad de México en el año 1976, es Licenciado en Derecho, Maestro en Amparo, y maestrante en Derecho Procesal Constitucional; socio fundador del Centro de Mediación y Estrategia Jurídica S.C.; abogado postulante desde el año 2000, representando a municipios, empresas y personas físicas en el ámbito del derecho constitucional, electoral, corporativo, mercantil, civil y familiar. En la academia, es docente de licenciatura y maestría en diferentes universidades de nuestro país; asesor de presidentes, síndicos y regidores municipales, auxiliándolos en la elaboración de la reglamentación municipal, promoción de procesos de diferendos limítrofes ante legislaturas de los estados y controversias constitucionales ante la Suprema Corte de Justicia de la Nación y las Salas Constitucionales de los estados. Ha ocupado cargos en municipios de dirección jurídica, legislación y consulta, y es autor del libro *6 Pasos para redactar una demanda civil*, publicado por esta casa editorial.

📞 (55) 4381 9771

Alfredo Guillermo Torres Osorio es Licenciado en Economía, maestrante en Administración Pública; socio fundador de la Consultoría en Planeación Estratégica Conplanes; certificado en la Norma Institucional de Competencia Laboral Funciones de la UIPPE por el Instituto Hacendario del Estado de México. Tiene treinta años de experiencia en el servicio público, en los ámbitos municipal, estatal y federal, específicamente en gobernanza en los municipios de Tlalnepantla, Naucalpan, Atizapán, Coacalco, Texcoco, y áreas de planeación para el desarrollo, como los Institutos Municipales de Planeación; en el ámbito estatal en la Secretaría de Desarrollo Urbano y Obras Públicas; en la federación en distintas Secretarías de Estado, como Salud, Desarrollo Social, SAGARPA y en el Gobierno de la Ciudad de México. Es Profesor en la FES Acatlán, y conferencista de diversos rubros y contenidos temáticos relativos a la administración y finanzas públicas en la UNAM, UAEM, IAPEM e INAP.

📞 (55) 6788 6189

www.ingramcontent.com/pod-product-compliance
Lightning Source LLC
Chambersburg PA
CBHW062013200326
41519CB00017B/4784